卷四　经济体系的动态演化

经济学

/著

中信出版集团 | 北京

图书在版编目（CIP）数据

经济体系的动态演化 / 向松祚著 . -- 北京：中信
出版社，2020.2（2024.5重印）
（新经济学；卷四）
ISBN 978-7-5217-1285-8

Ⅰ.①经… Ⅱ.①向… Ⅲ.①经济体系-研究 Ⅳ.
①F20

中国版本图书馆 CIP 数据核字（2019）第 265044 号

新经济学：卷四 经济体系的动态演化

著 者：向松祚
出版发行：中信出版集团股份有限公司
（北京市朝阳区东三环北路27号嘉铭中心 邮编 100020）
承 印 者：北京通州皇家印刷厂

开 本：787mm×1092mm 1/16 印 张：78.75 字 数：988千字
版 次：2020 年 2 月第 1 版 印 次：2024 年 5 月第 3 次印刷
书 号：ISBN 978-7-5217-1285-8
定 价：298.00 元（全五卷）

独立之精神　自由之思想

目录

绪 论

经济学旨在探索人类经济体系演化发展的内在规律。欲探索经济体系演化发展的内在规律，必先洞悉经济体系演化发展的内在动力。

新古典经济学基于效用最大化、利润最大化假设和个人局限条件下的选择行为，将人类经济体系理解为一个自动迈向均衡的机械体系。顾名思义，机械体系没有内生的演化动力，机械体系的运动变化依靠外部动力或外部冲击。新古典经济学认为，经济体系因外部冲击而偏离均衡状态。真正的经济体系则有一个机制进行自我调节，以重新回归均衡状态。

新经济学则反其道而行之，将人类经济体系理解为具有内生动力的生命体系。人类经济体系本来就是一个不断动态演化的生命体系，其内生动力就是人心面向未来的无限创造性，我称之为"生命内能"或"创造性内能"。

《新经济学》第四卷以生命内能或创造性内能为核心理念，阐释作为一个生命演化体系的人类经济体系所具有的本质特征和内在规律。

第一个基本规律

生命内能或创造性内能决定人类生产或供应行为必定日益服从规模收益递增规律或技术指数式增长规律。人类经济必定从主要依靠自然资源的农耕时代和工业时代，迈向主要或完全依靠知识和智慧的智能时代。新古典经济学理论基础的中流砥柱——规模收益递减规律——只能解释主要依靠自然资源的农耕经济和工业经济的一小部分。

第二个基本规律

生命内能或创造性内能决定人类经济体系必定不断涌现新秩序、新组织、新业态和新的增长动能，决定人类经济体系必定是永远远离平衡态的耗散结构体系，决定人类经济体系必定是具有面向未来无限创造性和无限可能性的复杂体系。生命内能是宇宙天地最神奇、最伟大的从无生有的创造性能量，它对抗或抵消热力学第二定律所决定的均衡或热寂状态，让人类经济体系永葆创造性活力，永远处于动态演化过程中。新古典经济学所假设的静态均衡体系与真实的人类经济生命体系毫不相干，只是一个理论的乌托邦。

第三个基本规律

生命内能或创造性内能决定人类经济体系是一个持续演化的生命体系。一个持续演化的生命体系展现无限的可能性，具有无限多样的具体的内在规律。我们必须用经济进化论取代经济均衡论，致力于研究和发现一个持续演化的经济生命体系所具有的内在规律。

从生命内能、创造性内能、持续演化的角度来考察和理解人类经济体系，我们立刻就能明白：新古典经济学的绝大部分理论，包括市场理论、公司理论、增长理论、宏观经济学，对于我们理解真实世界的经济现象大体是不相干或毫无用途的。新古典经济学将个体行为简单加总所构造的宏观经济学尤其浅陋和无稽。真正的宏观现象并不是个体行为的简单加总，正如生命体系所展现的各种奇妙现象并非单个细胞行为的简单加总一样。譬如，个人局限条件下的选择行为并不能解释经济体系如何会涌现出极富创造性的各种经济组织和超级跨国公司。

经济体系里最能彰显和弘扬创造性内能者，就是富有创造和创新精神的企业家。创新和企业家精神是《新经济学》第五卷的主题。

第一章

人类经济体系演化的基本规律

四个基本规律

从大历史角度来考察，支配人类经济体系动态演化的基本规律有四个：农耕时代或主要依靠自然资源的经济体系所服从的基本规律，即规模收益递减规律；工业时代的经济体系所服从的基本规律，即规模收益不变规律和规模收益递增规律；信息科技时代或知识经济时代的基本规律，即技术加速增长或技术指数增长规律；人工智能时代的人类经济体系则主要或全部服从技术指数增长规律。

规模收益递减通常是指生产要素并非等比例增长，即某个或某几个生产要素增长而其他生产要素不增长或不成比例增长时，产出增长的幅度最终必然会小于要素增长的幅度，甚至出现产出不增长反而下降的情形，此时单位产出的成本必然随之上升。

典型的规模收益递减发生在农业经济领域。假若有 10 亩土地，最初是 1 个劳动者耕种。随着劳动者数量增长（2 个、3 个、4 个……），产出将随之增长。起初产出增长的幅度或许会大于或等于劳动力增长的幅度，但之后，产出增长的幅度会逐渐地小于劳动力增长的幅度。最终，随着劳动力的继续增加，总产出不仅不会增长，反而会下降。

这是经济学基础教科书里最经常使用的例子，以说明生产函数的边际产出递减或边际成本上升。规模收益递减（或边际收益递减，或边际成本上升）在细节上可以搞得很复杂，然而基本道理很简单，那就是只要生产要素不能始终等比例增长，并且要素组合的技术不变，那么边际产出最终必定开始下降，或者边际成本最终必定上升。

规模收益不变是指当所有生产要素等比例增长时，产出按照同样比例增长。

规模收益递增的经典说法是：当所有生产要素等比例增长或者不成比例增长时，产出将以更高的比例增长。譬如所有生产要素同时增长 2 倍，产出的增长将不是 2 倍，而是 4 倍、8 倍或更高幅度，单位产出的成本则将下降到之前的 1/4、1/8 或更低。

芯片和集成电路领域著名的摩尔定律被认为是规模收益递增的经典例子。摩尔定律是英特尔公司创始人戈登·摩尔提出的一个假设：集成电路上可容纳的元器件数目，大约每隔 18~24 个月会增加一倍，性能也将提升一倍。神奇的是，这个预言竟然就像一个真实存在的定律一样，一直引领着全球 IC（集成电路）和整个 IT（信息技术）行业的发展。譬如 2005 年，一张 SD 卡（安全数码卡）容量是 128MB（兆字节），10 年后尺寸未变，但容量增长了 1000 倍，达到 128GB（吉字节）。一个预言竟然真的成为一个定律，这是非常奇特的技术进步现象，也是需要深入思考的现象。

新古典经济学惹的祸

以阿尔弗雷德·马歇尔（Alfred Marshall）为代表提出的新古典经济学的生产理论以规模收益递减规律为基础。该规律有多个名称：边际产量下降规律，边际收益下降规律。发展这套生产理论的核心人物包括马歇尔、弗兰克·奈特（Frank Knight）、雅各布·维纳（Jacob Viner）等。从这个基本理论出发，这些经济学大师推导出的总成本曲线、平均成本曲线、边际成本曲线、短期和长期成本曲线，成为新古典经济学生产理论或供给理论的中流砥柱，至今依然是标准经济学教科书中的经典内容。

这套生产理论有三个重要结论：其一，尽管有边际产量下降规律，然而，从奈特开始，经济学者喜欢将总产量曲线画成先弧形上升再弧形下降，平均产量曲线和边际产量曲线皆先升后降。这是非常奇怪的。因为，如果边际产量下降规律一开始就起作用，那么，总产量曲线应该是弧形似山，边际产量的上升率下降，总产量达到一个顶点，之后曲线下降，平均产量曲线和边际产量曲线皆向右下倾斜。然而开头那部分边际产量曲线上升，这显然违反或不符合边际产量下降规律。

如何解释呢？奈特的解释是生产要素有"团性"（lumpiness 或 indivisibility）。也就是说，一个劳力就是一个劳力，不可以拆开从事生产，而任何生产起码要有一个生产要素单位，"团性"存在，所以边际产量曲线是先升后降。

张五常不同意奈特的"团性"解释，而是以技术的变动来解释边际产量曲线刚开始的上升和后来的下降。这个解释其实也有问题。因为技术的改变为什么不能一直持续下去，从而使边际产量曲线一直上升而永远不下降呢？张五常在《经济解释》里以丈量土地为例，说刚开始边际产量上升是因为技术改变，但是"若继续多加人手，软尺还是一卷，无论生产方法怎样变，边际产量是必定会下降的"[①]。

这是为什么呢？为什么技术的改变就不能永远使边际产量上升而不下降呢？也就是说，为什么技术的改变不能永远使所谓的边际产量下降规律失效，从而永远成为边际产量上升规律呢？当然，技术的改变需要时间，技术的进步没有那么快。然而从逻辑上，我们不能不承认技术的改变原则上可以让边际产量下降规律完全失效。显然，奈特和张五常两位大师"智者千虑，皆有一失"。

其二，马歇尔新古典经济学有一个奇怪的时期划分，即所谓"短期"

---

① 张五常. 经济解释（二〇一四合订本）：收入与成本 [M]. 北京：中信出版社，2014：367.

和"长期"的划分。短期有多短，长期有多长，从来没有清楚的界定。凯恩斯继承马歇尔的短期和长期划分，宣称自己《就业、利息和货币通论》的分析是短期分析，而"长期我们都死翘翘了"。经济学者和经济学的糊涂账，于斯为甚！

将时间上的短期和长期划分应用到生产成本分析上，自然就有所谓长期成本曲线和短期成本曲线。短期成本曲线是说某些生产要素无法改变，边际产量下降规律必定要起作用，所以边际产量曲线必定是先升后降。

长期成本曲线呢？所谓长期，就是所有生产要素都能够自由改变，自然就不应该受边际产量下降规律的约束，边际产量曲线就不应该是先升后降，而应该或至少可能是一直上升（边际成本曲线一直下降）。

然而，从马歇尔、奈特到张五常的所有经济学者却非要坚持长期成本曲线一定是碗形的——刚开始下降，随后直线，然后上升。非常著名且流行的哈佛大学经济学教授曼昆的教科书《经济学原理》照本宣科，画出了这条"经典"的碗形长期成本曲线，第一段是边际产量上升或规模收益递增，第二段是边际产量不变或规模收益不变，第三段是边际产量下降或规模收益递减。[①]

张五常教授在《经济解释》中说："内容上，长期的平均成本曲线比短期的有更大的麻烦。问题是这样的。要有多个生产同样物品的人或机构在市场竞争，长期的平均成本曲线一定是要碗形的。若一个生产者的平均成本曲线不断下降，产量愈高售价可以愈低，其他的竞争者不敢问津，垄断是必然的结果。如果长期的平均成本曲线是平的，生产者可以是一个或数之不尽，无从决定。这是说，要有生产竞争，而又要决定竞争者之数，长

---

① N. Gregory Mankiw, *Principles of Economics*. Thomson South-Western, 2004, p.282.

期平均成本曲线必定要是碗形的。"①

张五常接着说:"困难是这样的。大量生产如果可以减低平均成本,而长期的平均成本曲线是让所有生产要素变动,没有边际产量下降定律的约束,那么不断地增加生产,平均成本充其量是平的,不会上升。这样,不会有多个竞争产出者。传统的挽救方法,说若产量不断上升,企业管理能力(entrepreneurial capacity)总会出现问题,所以平均成本就上升了。这个解释不可取,因为管理也是一种生产要素,既然长期是让所有要素增加,增加管理有何不可?"②

张五常教授的上述分析旨在回答两个问题。第一,为什么新古典经济学的生产理论非要坚持画出一条碗形的长期成本曲线呢?

理由是:若长期成本曲线不是碗形,就会出现垄断或自然垄断,就不是一个竞争的经济体系了。为了证明竞争经济体系的优越或有效率,新古典经济学者绞尽脑汁,非要凭空证明长期成本曲线是碗形的。这正是整个新古典经济学的基本特征——非要曲解真实经济世界以符合自己头脑里假想的理论,而不是尊重真实世界而放弃那套虚幻的理论。

第二,为什么新古典经济学者画不出一条碗形的长期成本曲线呢?

张五常说:"我认为解释长期成本曲线是碗形的整个困难,是经济学者作茧自缚,坚持着一些假设,而在这些假设下,碗形的长期平均成本曲线不能成立。他们或明或暗地用上四个假设:(一)生产的方法或技术不变;(二)生产要素的价格不变;(三)生产要素是以同效率的单位(efficiency unit)来量度(生产效率一半,算半个单位);(四)增加任何要素没有任

① 张五常.经济解释(二〇一四合订本):收入与成本[M].北京:中信出版社,2014:372.
② 张五常.经济解释(二〇一四合订本):收入与成本[M].北京:中信出版社,2014:373.

何困难（交易费用是零）。"[①]

张五常接着说："都是新古典经济学（neoclassical economics）的传统惹来的祸。"[②]

随后张五常引述他的老师阿尔钦的文章《成本与产出》（Costs and Outputs，1959）中的分析和赫舒拉发（Jack Hirshleifer）的补充，加上他自己的见解，画出了一条碗形的成本曲线。

张五常总结说："不分长、短期，不约束生产方法，不固定生产要素之价，不界定要素的效率单位，引进熟能生巧，面对交易费用，加进准备成本与试产成本，让量与率齐升——产品的平均成本曲线很容易是碗形的。边际成本曲线自下而上，穿过碗底，而多个生产者的边际成本曲线向右横加起来，就是市场的供应曲线了。"[③]

行笔至此，我不禁置笔兴叹！以张五常教授八斗之才，总算是挽救了新古典经济学的成本曲线和供应曲线，从而挽救了整个新古典经济学的供求分析架构。

假若真的画不出一条碗形的长期平均成本曲线，也就画不出供应曲线，整个新古典经济学的供求分析架构不就轰然倒塌了吗？兹事体大，是故张五常教授条分缕析，长途跋涉，终于为新古典经济学画出了这条至关重要的碗形长期平均成本曲线。

新古典经济学的逻辑架构轰然倒塌

然而，如果我们反问：为什么新古典经济学不允许垄断或自然垄断的

① 张五常.经济解释（二〇一四合订本）：收入与成本［M］.北京：中信出版社，2014：373.
② 张五常.经济解释（二〇一四合订本）：收入与成本［M］.北京：中信出版社，2014：373.
③ 张五常.经济解释（二〇一四合订本）：收入与成本［M］.北京：中信出版社，2014：379.

存在？为什么非要用那个供求分析架构来分析市场行为或价格行为？如此一问，我们立刻就明白，整个新古典经济学生产理论试图画出碗形长期成本曲线和供应曲线的努力，实在是强人所难，毫无必要！

放眼世界，垄断无处不在。就算是街头小贩，也有那么一点儿"垄断"的意思，天底下能够找到两个完全一模一样的小贩吗？不能。更为重要的是，全世界所有产业都由垄断者支配和主导，哪里有新古典经济学所说的完全竞争呢？很多产业别说完全竞争，连部分竞争或不完全竞争都谈不上。今日人们热衷谈论的"独角兽"企业，不就是一种完全垄断吗？

经济学者如何解释司空见惯的垄断现象或"独角兽"现象？新古典经济学根本就无法解释。由此可见，新古典经济学对人类生产行为的分析几乎是一种幻觉，与现实完全脱节。

真实世界到处是垄断，到处是规模收益递增、规模收益加速增长或技术指数式增长。借用新古典经济学的成本概念，真实世界的企业成本曲线完全有可能是一条持续下降的成本曲线。

那么，我们如何才能解释无处不在的垄断、"独角兽"企业、规模收益递增和锁定现象呢？

实际上，只要我们放弃新古典经济学一般均衡理论那套假设，诸如规模收益递减、凹形效用函数和柯布—道格拉斯式生产函数等，引入规模经济（economies of scale）、干中学（learning by doing）、教育的积累效应、专业分工等，特别是只要我们引入人的创造性的独特性和路径依赖，就很容易知道生产者的长期平均成本曲线可以是一条持续下降的曲线。

经济体系是一个复杂的体系，各种生产方式共生共长，甚至一个公司内部的不同生产环节也可能遵循不同的规律。规模收益递减、规模收益不变、规模收益递增和技术指数式增长同时存在于一个经济体系，相互补充，相得益彰。正如生物体系里不同的物种同时存在，共生共长。高度依赖土地和自然资源的行业（农、林、牧、副、渔和矿产资源行业）主要服从规模收益递减规律，大多数工业领域服从规模收益不变和规模收益递增规律；信息科技行业（如人工智能、大数据、机器人等）则主要服从技术指数式增长规律。

简言之，技术和知识含量越高的行业，其发展演化就越符合规模收益递增和技术指数式增长规律，所以我们看到软件、芯片、人工智能核心技术领域的垄断和锁定现象最为普遍。

随着人类经济日益迈向知识经济或智能经济时代，规模收益递增和技术指数式增长规律日益成为支配人类经济体系的主要规律，这是一个划时代的转变。技术指数式增长规律的根源则是人的无限创造性。经济学必须与时俱进，深入研究人的无限创造性的内在规律及其无限多样的表现形态。

摩尔定律和人的无限创造性

为什么说技术指数式增长规律的根源是人的无限创造性？我们且以著名的摩尔定律来说明。

摩尔定律被认为是规模收益递增和技术指数式增长规律最经典的例子。《奇点临近》的作者雷·库兹韦尔（Ray Kurzwell）写道："技术的不断加速是加速回归定律的内涵和必然结果，这个定律描述了进化节奏的加快，以及进化过程中产物的指数增长。这些产物包括计算的信息承载技术，其加速度实质上已经超过了摩尔定律做出的预测。奇点是加速回归定律的必然结果，所以我们研究这一进化过程的本质属性非常重要。"①

库兹韦尔说，服从加速回报定律（也就是技术指数式增长规律）的技术领域非常广阔，摩尔定律则是最著名的，也是最广为人知的技术指数增长现象。20 世纪 70 年代初期，集成电路的主要发明者和英特尔公司的主要创始人戈登·摩尔做出一个预言：每隔 24 个月，我们可以在集成电路上集成至少等于现在 2 倍的晶体管（摩尔最早预言是 12 个月）。集成的晶体管越多，电子的传导距离越短，电路运行就越快，整体计算能力也就越强大。结果就是计算机的性价比呈现指数式增长，计算机性价比翻倍的速度（每 12 个月翻一番）远快于范式迁移的速度（10 年翻一番）。信息技术在性价比、带宽、容量等方面增长一倍的时间都只需要一年。

库兹韦尔以亲身经历说明信息技术的指数式增长是多么惊人。1967 年，他使用售价高达数百万美元的 IBM（国际商业机器公司）7094 计算机，内存是 32KB（千字节），处理器速度是 1/4MIPS②。到 2004 年（库兹韦尔写作《奇点临近》一书的时候），他使用一台售价 2000 美元的个人计算机，RAM（随机存取存储器）达到几个 GB（吉字节），处理器速度为 2000MIPS。20 世纪 60 年代，IBM 计算机的价格是个人计算机的 1000 多倍。简单计算就知道，2004 年的个人计算机性价比是 20 世纪 60 年代 IBM 计算机的 800 万倍。也就是说，个人计算机计算能力 MIPS 的单位成本下降到只有 20 世纪 60 年代 IBM 计算机的八百万分之一。如果考虑货币的贬值，计算能力单位成本的下降还要大得多。

---

① 雷·库兹韦尔，奇点临近 [M]. 李庆诚，董振华，田源，译. 北京：机械工业出版社，2011：19.

② MIPS, million instructions per second 的缩写，直译为单字长定点指令平均执行速度，意指每秒处理的百万级的机器语言指令数。——编者注

2004 年，计算机处理器的处理能力达到 2000MIPS，处理成本下降到 20 世纪 60 年代计算机的 1/2^{24}，意味着性价比在 37 年间翻了 24 番，大约每 18.5 个月翻一番。此外，存储容量增长了近 2000 倍，指令集更高效，通信速度更快，软件功能更强大，其他方面的性能也都有大幅度提升。

如今，《奇点临近》一书已出版近 20 年，人类信息技术的进步则按照指数式增长规律飞速迈进。今天，任何一部智能手机的功能都比 21 世纪初期个人计算机的性能强大无数倍，背后的驱动力量就是摩尔定律。

那么，摩尔定律究竟是一个什么样的定律呢？

迈克尔·马隆（Michael S.Malone）长期近距离观察和报道硅谷所发生的一切，出版过多部研究和记录硅谷创新历史的著作。2014 年，马隆出版《三位一体：英特尔传奇》一书，书中有大量篇幅深入阐释摩尔定律。请允许我引用他的精彩论述：

今天，全世界的小学生都在学习简化版的摩尔定律。我们所有人的潜意识里都已经吸收了摩尔定律的基本思想，知道我们确实生活在一个超乎想象的、永不停息的急速变化的世界里。今天，全球经济建立在摩尔定律的基础之上，摩尔定律决定了现代人类生活的节拍。假若摩尔定律某一天突然停顿，整个人类将立刻陷入生存危机。这样的生存危机甚至有可能持续数代人并导致人类社会秩序的全面崩溃和重塑。

幸运的是，尽管戈登·摩尔早期曾经预测变化的速度会在 20 世纪 70 年代后期缓慢下来，摩尔定律却一直持续发挥作用直到今天。今天的存储芯片已经能够存储超过一万亿比特信息，这是一个全新的时代。尤其令人惊异的是，数字时代至今所发生的一切，从计算器到互联网到智能手机到平板电脑，全部都遵从摩尔定律所确定的路径。

　　直到大约 2005 年，摩尔定律那条曲线开始弯曲成为几乎一条直线，这预示着：尽管摩尔定律在过去半个世纪给世界带来全方位的、革命性的变化，然而真正的变革还在未来。或许所有的变化都正在朝着奇点迈进，那就是科学家库兹韦尔所定义的奇点。依照库兹韦尔的定义，这个奇点就是计算机和人合二为一。但是，即使这个奇点永远不出现，最新的产业预测也认为，到 21 世纪中叶，摩尔定律将一直发挥作用，直到单个芯片（如果那时还是采取目前这种芯片形态）的处理能力能够达到或超过今天全世界所有存储芯片和微处理器的处理能力的总和。这种情景当然已经完全超过我们最大的想象力。不过，不要忘了，今天孩子们的智能玩具的信息处理能力比摩尔定律刚刚提出时全世界所有半导体芯片的信息处理能力的总和还要大！

　　未来历史将会认为这个奇迹是全部人类历史上最伟大的成就之一，摩尔定律预言了这个奇迹的发生，并激励这个奇迹成为现实。这个奇迹将人类生活跃升到一个崭新的轨道，完全不同于农业革命和工业革命所创造的人类生活，它对人类生活所有方面的影响要深刻得多，全面得多。[①]

迈克尔·马隆浓墨重彩地描述了摩尔定律和信息科技革命奇迹之后，笔锋一转，开始触及那个真正重要的问题：

　　摩尔定律所带来的人类生活转型是如此巨大和如此持久，一个基

---

① Micheal S.Malone, *The Intel Trinity: How Robert Noyce, Gordon Moore, and Andy Grove Built the World's Most Important Company*. Harper Business，2014，p.112–113.

本原因竟然是：摩尔定律其实并不是一个真正的定律。戈登·摩尔本人就多次提醒人们注意这个基本事实。相反，摩尔定律与其说是一个科学定律，倒不如说是一个社会契约，是半导体行业和全世界达成的一个协议。半导体行业承诺尽可能持续努力将行业的发展维持在摩尔定律所说的轨道上，其他行业则承诺为半导体行业的令人窒息的惊人成就买单。摩尔定律之所以发挥作用，并非它是半导体行业的一个内在规律。相反，如果明天早晨世界上那些芯片巨头决定停止推进技术进步，那么明天晚上摩尔定律就会宣布破产，未来数十年时间里，人们将为应对摩尔定律破产所引发的后果而忙个不停。

简言之，摩尔定律之所以持续发挥作用，是因为每天、每时、每刻，全世界数十万人——包括科学家、设计者、模具制造者、抛光工程师、程序设计员、英特尔职员——全力以赴，充分发挥他们的想象力和能量，将摩尔定律的预测不断转化为现实，不断推向前进。每天都进步那么一点点，持之以恒。

人们很难完全理解，激励和推动英特尔公司成为世界上最重要的公司（相当一段时间也是世界上最值钱的公司）的内在动力，并不仅仅因为这个公司是摩尔定律发明者的"娘家"，而且因为自从它创立之日起，英特尔公司就决心成为这个定律的实践者或诺言的坚定履行者。无论公司处于顺境还是逆境，宁愿公司灭亡，也要拼命实现摩尔定律的诺言。[①]

马隆的上述分析已经说得非常清楚，作为信息科技时代最重要的定律，

---

① Micheal S.Malone, *The Intel Trinity: How Robert Noyce, Gordon Moore, and Andy Grove Built the World's Most Important Company*.Harper Business，2014，p.113–114.

以及技术指数式增长标志性的定律，摩尔定律其实不是一个客观的科学规律，而是一个完全依赖人的信念、想象力、忘我的奋斗精神和无数人集体努力的主观规律。这真是太神奇了。这不正是人的无限创造性决定世界运行规律的最生动例证吗？

要深入理解人的无限创造性，我们首先就要深入认识生命的本质。认识生命的本质，是人类一切知识的最高使命和终极目的，为此，我们需要吸收人类所有科学门类所发现的规律和开启的智慧。

第二章

熵增和热力学第二定律

热力学定律的普适性

爱因斯坦曾经如此赞美热力学第二定律的普适性："一个理论的假设越简单，它所涵盖的事物范围越广泛，它所运用的领域越宽广，该理论就越令人印象深刻。经典热力学定律就给我以如此深刻的印象。我坚信，就其内容的普适性而言，热力学定律是唯一最具普适性的物理学理论，在其基本概念的运用范围和运用架构之内，热力学定律永远不可能被颠覆。"[①]

爱因斯坦所赞美的具有唯一普适性的热力学定律通常被认为是三个定律或四个定律。

热力学第一定律，即人们非常熟悉的能量守恒及转化定律。

热力学第二定律，具有多种表达方式，下文详论。

热力学第三定律，是指当热力学温度达到零度（绝对温度 T=0）时，一切完美晶体（没有任何缺陷的规则晶体）的熵值等于零。

根据热力学第三定律，利用量热数据，可计算出任意物质在各种状态（物态、温度、压力）的熵值。这样定出的纯物质的熵值称为量热熵或第三定律熵。

热力学第三定律还有一种表述法，那就是绝对零度（–273 ℃）时，物体将失去所有能量。也就是说，我们无法将任何物体的温度降低到绝对零度以下。

此外，科学家有时还谈论一个"热力学第零定律"，它描述的是在一个封闭系统里，所有物体或系统构成部分的热能必然达到均等状态。其实热

① Jeremy Rifkin, *Entropy: A New Worldview.* The Viking Press, 1980，p.43.

力学第二定律已经包含此含义。

我们此处讨论的只是热力学第二定律及其对人类社会经济体系的意义。

热力学定律为何具有如此深刻的普适性？如果热力学定律对自然物理现象或生命现象具有唯一的普适性，那么热力学定律是否也能运用到经济学和其他社会科学中？我们是否能够运用热力学定律来阐释人类社会特别是经济体系中的重大现象？

熵和热力学第二定律的含义

熵是颇为神秘且模糊的概念。1865 年，德国物理学家克劳修斯首次提出"熵"的概念。他给熵的定义是：一个封闭系统处于均衡状态时，熵等于其总能量除以系统的均衡温度。

自从克劳修斯提出熵的概念以来，几乎所有伟大的科学家都深入思考或借用过这个概念。然而，奇怪的是，至今科学家对熵的准确和具体含义依然没有达成一致意见。许多顶级科学家也认为熵是一个说不清、道不明的模糊概念。

譬如，德国著名物理学家、原子物理学和量子物理学的开创者之一阿诺尔德·索末菲（Arnold Sommerfeld）就曾讲过这样一番话：

> 热力学是一门颇为有趣的学科。当你第一次系统研究它时，你发现完全不明白。当你再次系统研究它时，你觉得已经完全明白了，除了一两个小小的问题之外。然而，当你第三次系统研究它时，你又觉得自己完全不明白了。但是，到这个时候你已经无所谓了，你

已经如此习惯热力学的那些概念和理论，以至它们不再让你感到困惑了。[1]

当索末菲讲这番话的时候，他心中的主要对象就是那个被称为熵的东西！

无独有偶，1949 年，当克劳德·香农（Claude Elwood Shannon）努力研究通信的数学原理之时，他希望找到一个术语来定义他所研究的那个量，也就是信息量。百思不得其解之时，香农问计于冯·诺依曼（John von Neumann）。冯·诺依曼是有史以来最伟大的数学家之一、现代计算机之父和极少数全能科学家。冯·诺依曼给香农的建议是：将那个量称为"熵"。

香农后来回忆说：

> 我最大的困扰是如何给这个量取个名字。我想称之为信息，但是这个名词被过度使用了，所以我决定称之为不确定性。当我和冯·诺依曼讨论这个问题的时候，他给我一个比较好的主意。冯·诺依曼对我说："你应该称之为'熵'。理由有两个：其一，你所写的那个定义不确定性的方程，统计力学早就使用了同样的方程和定义，所以它已经有了一个名称；其二，也是更重要的理由，那就是没有人真正明白熵到底是什么意思，所以你如此定义那个量，在学术辩论的时候就总会占据优势！"[2]

---

[1] Oded Kafri and Hava Kafri, *Entropy: God's Dice Game*. Create Space Independent Publishing Platform，2013, p.1.

[2] Oded Kafri and Hava Kafri, *Entropy: God's Dice Game*. Create Space Independent Publishing Platform，2013, p.1.

冯·诺依曼确实不凡！香农给他的信息量所赋予的数学公式，与美国著名物理化学家约西亚·威拉德吉布斯给熵所赋予的数学公式一模一样。香农所研究的信息量原来就是"熵"！正是这个定义使香农的硕士论文《通信的数学理论》（A Mathematical Theory of Communication）成为信息论的奠基之作。这篇麻省理工学院的硕士论文为今天人类的信息时代奠定了理论基础，堪称是所有硕士论文里最伟大的一篇！

那么，熵到底是什么意思呢？我们还是从克劳修斯的原始定义开始讨论。

显然，一个处于均衡状态的封闭系统，其熵值能够被精确定义。首先，一个封闭系统的能量是恒定的（根据能量守恒定律）；其次，一个封闭系统到达均衡状态时，其温度必定达到最低水平，而且系统内部每个点的温度必定完全相同，否则系统依然没有达到均衡状态。

根据克劳修斯的经典定义，唯有达到均衡状态的封闭系统或孤立系统，其熵值才能够被精确定义。一个开放系统永远处于非均衡状态，其吸收或释放的能量总是处于变化之中，系统内部每个点或每个部位的温度也存在差异。因此，一个开放系统即使原则上能够定义熵，实际上也无法精确计算其熵值，因为系统的能量和温度皆无法精确定义或计量。

一个未达到均衡状态的封闭系统或孤立系统，原则上可以定义每时每刻的熵值，因为系统总能量不变，系统每时每刻的温度可以取每个时刻系统温度的平均值（尽管每个点或每个部位的温度有差异）。因为封闭系统能量守恒，达到均衡状态之前，系统的温度总是处于不断降低的过程，因此，封闭系统的熵值总是不断增加。这应该是封闭系统或孤立系统永远熵增的基本含义。

然而，能量除以温度所获得的熵的计量单位是每热力学温度（每单位温度）多少焦耳（焦耳是能量的单位）。这个单位颇为奇怪，究竟是什么含义呢？我曾经翻阅多部讨论熵、熵增或热力学第二定律的著作，对熵的计量单位具体含义的论述皆语焉不详。这里面牵涉到一个很少人去深刻思考的问题：温度究竟是什么意思？我们每天都关心温度，都必须和温度打交道（譬如，每天我们必定关心天气或自己的体温），但温度究竟描述的是什么却总是模模糊糊的。

我自己的理解是：温度是一个系统（任何系统）的状态变量或热力学状态变量，即温度是从热力学角度描述一个系统的状态。当然，描述一个系统的状态有许多变量，譬如一个系统的质量或总重量、运行速度、包含的个体数量（分子、原子或基本粒子的数量）等。温度则是描述一个系统的热力学状态的变量，也是一个状态变量。

从这个角度出发，我们可以很好地理解克劳修斯对熵的定义的具体物理学含义：熵是对应每个不同的热力学状态所蕴含或吸收的能量分布状态或势能状态。根据封闭系统能量分布形态，温度越高时，系统内分子（个体）处于高速运转的个数较多，即有更多的个体具有将能量传递到温度较低个体的势能，系统能够做更多的功。随着温度逐渐降低，系统内每个个体的温度逐渐趋于相同，直至每个个体（系统的每个点或每个部位）的温度完全相同，系统不再有任何势能，即系统不再能做任何功，整个系统处于完全静止或毫无生机活力的状态。

熵与系统的势能或做功的能力成反比。当系统温度无穷大时，熵值为零，系统具有无穷的势能或做功的能力。当系统温度很低或为零（绝对零度）时，熵值无穷大，系统没有任何势能或做功的能力。

因此，对于一个孤立系统或封闭系统（如整个宇宙）而言，温度必定从高到低，最终走向系统内每个个体（每个点或每个部位）温度完全相同为止。此时每个个体的温度就是系统的温度，也是系统所能达到的最低温度。

所以，一个孤立系统或封闭系统的温度总是越来越低，意味着系统内每个个体之间的温度差异越来越小，直至每个个体的温度完全相同，没有任何能力做任何功。对于一个封闭系统或孤立系统而言，温度越高则意味着能做越多的功，温度越低则能做的功就越小。这就是系统的状态变量。

"热寂""熵死""热力学均衡"的基本意义就是系统完全丧失了做功的能力，系统无法再创造任何新的活动或事物。对于一个生命系统而言，系统已经没有任何生命活力了。

量子力学奠基人薛定谔对熵增或熵减有精彩论述："当一个非活的系统被孤立出来，或把它放在一个均匀的环境里，由于各种摩擦阻力的结果，所有的运动都将很快地停顿下来；电势或化学势的差别消失了；倾向去形成化合物的物质也是如此；温度也由于热传导而变得均一了。此后整个系统衰退成死寂的无生气的一团物质。这就达到了一种持久不变的状态，其中不再出现可观察的事件。物理学家把这种状态称为热力学平衡，或'最大熵'。"①

薛定谔的论述极具价值和启发性，因为克劳修斯、玻尔兹曼和吉布斯对熵的定义并不那么直观和容易理解。克劳修斯的熵的定义是能量与温度之比，这个变量究竟是什么含义并不十分清晰。我之前试图对克劳修斯的熵的定义给出一个新的阐释。克劳修斯称之为"系统的转换内容"（the transformation content of the body），其实就是衡量系统状态的一个变量。

---

① 埃尔温·薛定谔. 生命是什么 [M]. 罗来鸥，罗辽夏，译. 长沙：湖南科学技术出版社，2003：68.

克劳修斯虽然给熵一个数量化的定义，却没有给熵任何清楚的阐释。正如物理学者利昂·库珀（Leon Cooper）所说："克劳修斯发明了一个新词：熵，他没有从当时物理学习以为常的语言里选择一个熟悉的词来表达他的意思（譬如采用丢失的能量）。他成功地发明了熵这个新词，其意义对每个人都一样，那就是什么意义也没有！"[1]

全力鼓吹取消"熵"这个词和概念的以色列化学家阿里耶·本－纳伊姆（Arieh Ben-Naim）赞同这个说法，他认为熵这个概念不仅对物理化学的门外汉不知所云，甚至许多专攻热力学的科学家也不清楚是什么含义。[2]人们可以用温度和能量等熟悉的数量来定义和计算熵，却完全不明白计算出来的那个数值到底是什么意思。因此，自从克劳修斯提出熵的定义以来，它就成为科学史上最神秘和最难准确界定的概念。

熵和热力学第二定律的多种定义

综观众多物理学家对熵的理解和阐释，概而言之，熵至少有如下几种阐释。

其一，熵是衡量一个系统状态的变量。这是克劳修斯的原义。然而，所衡量的是系统的什么状态呢？克劳修斯表述不详。根据此定义，热力学第二定律应表述为：任何封闭系统的熵值总是趋于最大或必定达到最大值。

---

[1] Arieh Ben-Naim, *Discover Entropy and the Second Law of Thermodynamics.* World Scientific，2010，p.6.

[2] Arieh Ben-Naim, *Discover Entropy and the Second Law of Thermodynamics.* World Scientific，2010，p.6.

其二，熵是衡量一个系统迈向均衡状态的趋势或方向，所谓熵增就是系统从非均衡到均衡的过程。此概念也从克劳修斯的定义引申而来。根据此定义，热力学第二定律应表述为：任何封闭系统总是从非均衡状态迈向均衡状态。据此我们立刻就知道，新古典经济学所讨论的经济体系必定是一个封闭经济体系。

其三，熵是在能量转换为功的过程（做功的过程）中所损失的能量，或者能量转换过程中转变为无效的能量。公式表达为：

$$总能量＝有效功（有效能量）＋无效能量（熵）$$

随着一个系统趋近或达到均衡，系统的全部能量全部变为无效能量，系统再也不可能进行任何有效的工作，即：

$$总能量＝无效能量（系统最大熵值）$$

根据此定义，热力学第二定律表述为：任何封闭系统的全部能量必然转化为无效能量，任何封闭系统必然达到不会产生任何新现象和新事件的状态。

其四，熵是衡量一个宏观系统可能具有的微观状态个数的变量。这是玻尔兹曼和吉布斯对熵的经典定义。根据此定义，热力学第二定律应表述为：任何封闭系统的每个个体最终必然达到完全相同的状态，个体差异性和独特性完全消失。根据此定义，我们立刻知道，新古典经济学所描述的经济体系就是一个无差别，个体差异性和独特性完全消失的经济体系。

其五，熵是衡量一个系统不确定性的变量，这是从玻尔兹曼和吉布斯经典定义里引申而来。根据此定义，热力学第二定律应表述为：任何封闭系统必然迈向最大的不确定性。

其六，熵是衡量一个系统所含有效信息的变量。熵增的过程就是系统有效信息不断减少的过程，熵减的过程就是有效信息不断增加的过程。当系统熵达到最大值时，系统不再有任何有效的信息，也就是薛定谔所说的"系统再也不会出现可以观察到的事件"。此定义是从香农经典的信息理论中推导出来的。根据此定义，热力学第二定律应表述为：任何封闭系统必然迈向不再产生任何有效信息或有用信息的状态，系统不再出现任何可以观察到的事件。

其七，熵是衡量一个系统从有序迈向无序的状态变量，即衡量系统无序状态的变量。这是许多物理学家对熵的理解。根据此定义，热力学第二定律表述为：任何封闭系统总是必然从有序迈向无序。

譬如，大物理学家、诺奖得主斯蒂芬·温伯格在《终极理论之梦》中写道："熵是量度系统无序状况的指标。热力学第二定律就是说一个孤立系统具有变得越来越无序的必然趋势。海洋所有的热量都流向大西洋意味着有序的增加，所以它是不可能发生的事情。"[1]

温伯格在另一部著作《最初三分钟》里写道："熵是统计力学的一个基础变量，它衡量一个物理系统的无序程度。"[2]

美国著名学者和传记作家艾萨克森在《爱因斯坦传》里也如此阐释熵

---

[1] Steven Weinberg, *Dreams of A Final Theory: The Scientist's Search for the Ultimate Laws of Nature.* Vintage Books, 1994, p.39–40.

[2] Steven Weinberg, *The First Three Minutes: A modern View of the Origin of the Universe.* Basic Books, 1988, p.94.

的概念："热力学第二定律有许多等价的表述方式。一种表述方式是：热总是自然地从热的物体流向冷的物体，不会反方向流动。另一种表述方式是利用熵的概念。熵是描述一个系统的无序和随机程度的物理量。任何系统的自发运动总是趋向熵增。"[1]

以研究非平衡态热力学并提出耗散结构结论驰名于世、荣获诺奖的普里戈金也是从无序角度阐释熵，他在《从混沌到有序》一书里多次说熵增就是"系统产生无组织性""系统出现耗散或消费""热力学第二定律可以被理解为从有序到无序的一种演变"。[2]

美国著名学者里夫金1980年出版一部颇为轰动的著作《熵：一种新的世界观》，同样将熵增等同于无序："熵定律还能以如下方式表述：一个封闭系统的所有能量必然从有序状态迈向无序状态。最小熵状态是能量集中度最高的状态，是有效能量最大的状态，也是最有序的状态。相反，最大熵状态则是有效能量完全消散的状态，也是最无序的状态。"[3]

然而，有许多科学家却极力反对从"有序到无序"的角度来理解熵。譬如以色列科学家奥代德·卡夫里（Oded Kafri）和阿里耶都极力反对将熵理解为无序的量度。卡夫里在著作《熵：上帝掷骰子的游戏》中写道："玻尔兹曼错误地将熵的含义理解为无序的量度，此错误阐释至今依然误导我们。熵只是不确定性的量度，不是无序的量度。"[4] 阿里耶更是激烈地反对将熵增理解为无序的增加，将熵理解为无序的量度："将熵增定义为从有序到

---

[1] Walter Isaacson, *Einstein: His Life and Universe*. Simon & Schuster，2007, p.69–70.

[2] 伊·普里戈金，伊·斯唐热. 从混沌到有序：人与自然的新对话 [M]. 曾庆宏，沈小峰，译. 上海：上海译文出版社，1987.

[3] Jeremy Rifkin, *Entropy: A New Worldview*. The Viking Press, 1980, p.39.

[4] Oded Kafri and Hava Kafri, *Entropy:God's Dice Game*. Create Space Independent Publishing Platform, 2013. p.61.

无序的变化，说好一点是误导，说糟一点是错得离谱。我们不能用无序来解释或理解熵，哪怕是从性质上理解也不对。"[1]

那么，我们究竟有没有可能将熵增、不确定性、无序等价起来呢？这个问题对于我们借鉴熵的概念来理解人类经济社会系统的诸多现象尤其是经济体系的现象非常重要。

玻尔兹曼和吉布斯给熵的经典定义的核心概念是所谓系统的微观状态数目。假若系统有 N 个个体（如构成系统的分子数目或经济体系里的参与者数目），什么条件下系统的微观状态数目将达到最大呢？那就是系统的每个个体处于任何状态的概率完全相同。

易言之，没有任何个体具有特殊性，每个个体皆完全同质或等价，尤其是每个个体的势能或化学能完全相同，从而不存在高势能个体向低势能个体转移能量同时做功的可能性，也不存在化学反应的可能性。新古典经济学所描述的完全竞争均衡其实就是一种熵值最大的状态，即每个个体完全相同的状态。

薛定谔的描述正如前文所述，清楚地阐述了熵值最大化的条件及其各种特征：一个非活的且孤立的系统；所有运动都停顿下来；势能或化学势的差别完全消失；温度变得完全均匀；系统变成毫无生机、死气沉沉的一团物质；系统不再会出现任何可以观察到的事件或运动；熵值最大化是一个恒定不变的状态。薛定谔所阐述的各种特征皆具有丰富的内涵，是对熵增或熵值最大化的最佳描述。

---

[1] Arieh Ben-Naim, *Discover Entropy and the Second Law of Thermodynamics*, World Scientific, 2010, p.13.

薛定谔还有一段非常精彩而重要的论述："有机体都是靠负熵为生。"①

熵和热力学第二定律具有普适性

熵和热力学第二定律为什么具有爱因斯坦所说的普适性？为什么我们能够将熵和热力学第二定律的概念用于观察和分析人类社会体系和经济体系的演化？概而言之，理由如下。

其一，熵是描述系统状态的变量，热力学第二定律则是描述系统状态变化的方向。所谓系统并不限于自然物理系统。宇宙天地间一切系统，从一滴水到我们的身体、家庭、公司、政党、国家、国别经济和全球经济，再到一切有机体或无机体系统、地球生态圈乃至整个宇宙，皆是一个系统。系统的概念无所不包，是故熵和热力学第二定律可用于描述和分析一切系统，所以具有最广泛的普适性。

其二，熵增和熵减是决定任何系统从无序到有序、从有序到无序、从混沌到有序、从有序到混沌的两种能量。这两种相反相生、相辅相成、共生共长的能量正是一切系统演化的本质，也正是生命的本质。恰如中国古代伟大圣哲以阴阳来表征宇宙自然、世间万物演化的两种力量一样，只不过物理学家将熵增或熵减给以明确的数量化的定义，让两种定义具有科学意义上的概念操作性。其实，阴阳就是生命演化的两种相辅相成、相反相生、共生共长的力量。阴就是熵增，阳就是熵减。整部《周易》就是描述生命系统演化发展的内在规律和各种形态。大哉！《周易》之为书也。所以《周易》为诸经之王、学问之母。熵增、熵减和热力学第二定律的普适

① 埃尔温·薛定谔.生命是什么[M].罗来鸥，罗辽夏，译.长沙：湖南科学技术出版社，2003：70.

性正如阴阳概念的普适性一样。

其三，从本质上说，克劳修斯的熵定义、玻尔兹曼的熵定义、吉布斯的熵定义是等价的。熵增、不确定性和无序是同一个含义。不确定性、有序、无序等概念正是我们理解社会经济现象所必需的基本理念。

正是熵和热力学第二定律所具有的上述三个方面的普适性，它们对于我们理解任何生态体系或生命体系，尤其是理解人类经济体系具有重要的启发意义。

第三章

生命和创造的本质：负熵

薛定谔论生命的本质

20 世纪 50 年代，量子力学奠基人薛定谔就生命的本质发表了一系列著名演讲，后来结集出版，题为《生命是什么》。DNA（脱氧核糖核酸）双螺旋结构的发现者詹姆斯·沃森（James Dewey Watson）在他的科学自传《双螺旋》里曾经说，正是在薛定谔《生命是什么》这部小册子的鼓舞和激励之下，沃森和一批年轻学子以最大的激情投入生物学的研究，以探索生命的本质。沃森和克里克正是在全球追寻生命之谜的奥林匹克竞赛里获得桂冠，从此名垂青史。

薛定谔将生命活力或生命的本质称为负熵，并且他给出了一个计算方程式：

假如 D 是无序性的量度，它的倒数 $1/D$ 就可作为有序性的一个直接量度。因为 $1/D$ 的对数正好是 D 的负对数。玻尔兹曼方程式可以写成这样：

$$负熵 = k\ln\,(1/D)\,[1]$$

薛定谔说："一个生命有机体具有推迟趋向热力学平衡（死亡）的奇妙的能力，如何根据统计学理论来表达这种能力呢？我们前面说过：'生命以负熵为生'，就像是活有机体吸引一串负熵去抵消它在生活中产生的熵的增

---

[1]　埃尔温·薛定谔.生命是什么 [M].罗来鸥，罗辽夏，译.长沙：湖南科学技术出版社，2003：72.

量，从而使它自身维持在一个稳定而又低熵的水平上。"[①]

薛定谔还将负熵称为"序的量度"，他认为生命是凭借从外部环境吸收"序"（譬如高度有序的物质，如食物）来维持生存。

薛定谔的负熵就是熵减，与热力学第二定律的熵增恰好相反。负熵是生命活力之源，正熵则是生命衰亡之源。生命就是对热力学第二定律的抗拒或否定。

20世纪90年代，一个美国的科技主义文化群体将生命力称为"外熵"。他们给外熵的定义是：生命系统或有组织系统内的智力、功能秩序、活力、能量、经验以及能力，还有改进和成长的动力。这个定义显然过于宽泛且模糊不清，不过其内涵与薛定谔所定义的负熵有异曲同工之处，也极具启发性。

生命内能

我认为薛定谔所说的负熵或生命从外部吸收序来维持低熵或生存，只是道出了生命本质的一部分，而且可能还不是最重要的部分。

对抗熵增（无效能量增加或负能量增长）的熵减或负熵，本质上是一种"无中生有"的生命内能，这就是薛定谔所说的"一个生命有机体具有推迟趋向热力学平衡（死亡）的奇妙的能力"。这种奇妙的能力就是生命"无中生有"的能力。

生命能量的最神奇之处是"无中生有"，人世间无限丰富的人类智慧创造物皆是无中生有。无中生有也就是"从无序创造有序""从混沌创造有

[①] 埃尔温·薛定谔. 生命是什么 [M]. 罗来鸥，罗辽夏，译. 长沙：湖南科学技术出版社，2003：72.

序"，化腐朽为神奇，赋予天地万物以无限多样的生命形态或无限多样的有序状态。

正是这种无中生有的神奇的生命力量对抗或抵消热力学第二定律，让宇宙天地充满无限生机，让人类社会充满无限活力，让科技进步日新月异，让社会财富持续增长，让人类不断迈向文明和高尚之境。我们可以将这种神奇的生命能量称为生命内能，以区别我们日常所说的各种物质能量。

生命或人的无限创造性并非简单地吸收外部序（薛定谔所说的外部具有高度秩序的物质）或外部能量，生命吸收的外部能量还需要转化为生命内能，或支持、辅助、滋养生命内能。生命内能则是生命原本就有的，只需要激发、激励、凝聚、弘扬和光大。

这种生命内能也可以理解为佛家主张人人皆能成佛、儒家主张人人皆能成圣人、道家主张人人皆能成真人、基督教主张人人皆能成为基督徒的内在根据或内在能量源泉。这种生命内能就是孟子所说的"良知良能"，一旦激发出来，则若"原泉混混"，"沛然莫之能御"。这种生命内能就是陆象山所说"宇宙便是吾心，吾心即是宇宙"①的那种普遍的、内在的无限潜力。这种生命内能就是王阳明《咏良知四首示诸生其一》诗里所说"抛却自家无尽藏"的那种生命能量的"无尽藏"。这种生命内能就是从古希腊哲人直到康德所说的"生命智慧学"的内在根源。这种生命内能就是康德所期望的"理想哲学家"所赖以成功实现的内在动力。

这种生命内能也就是我在《新经济学》第三卷所详细论述的"心之力"，就是《中庸》所说的"赞天地化育""与天地参"的无穷能量，就是

---

① 牟宗三.从陆象山到刘蕺山［M］.长春：吉林出版集团有限责任公司，2010：18.

《周易·系辞上》所说的"易与天地准，故能弥纶天地之道"的那种无远弗届、无处不在、彻天彻地、贯古通今的伟大力量。它无象无形，却无处不在；它无声无臭，却察乎天地。它正是宇宙天地、人生社会的最大秘密。

科学家至今发现了自然界的四种力：强作用力、弱作用力、电磁力和引力。根据爱因斯坦的广义相对论，引力其实不是一种力，而是时空弯曲效应。科学家致力于将这四种力完全统一起来，用大统一理论完整解释支配宇宙变化的所有力量。四种力是自然界物质之间的相互作用，本质上都是一种"外力"。四种外力可以有无限多样的表现形态。

生命内能第一是一种内力，是生命能够自定方向、自我觉醒、自我精进、自强不息，直至生命最高境界的内在动力。生命内能有无限多样的表现形态，最重要者有五种生命内能：一是愿力，二是专注力或定力，三是想象力，四是领导力，五是协同力。

第一，生命内能就是心的创造性或精神的创造性的最根源的动力，它是生命原来就有的。生命具有自发自在的熵减，这是生命内能的作用。

一切创造本质上都是熵减。最高级的创造是宗教激情和思想所激发出来的创造。它是人类追求永恒的内在动力，是永恒的生命、永恒的乐土、永恒的秩序所激发的创造性或创造力，是生命内能里最为奇特和强大的力量。

第二，生命内能是理性思维层面的创造力，也就是源自纯粹思维，能够创造伟大科学成就和思想成就的那种能量，譬如康德的哲学体系、爱因斯坦的成就等所彰显的创造力。

第三，生命内能是艺术或美的创造力。

第四，生命内能是制度和典章文物的创造力。

第五，生命内能是器物或物质层面的创造力。

生命内能有无限多样的表现形态，可以无限细分。生命内能无限多样的表现形态，是一切科学最重要的研究课题。

熵增和熵减的本质

经过多年思考，并体悟生命内能的无穷和伟大，我尝试从能量和物质转换的角度来理解熵增和熵减的本质。

宇宙和生命运行的本质是能量与物质的转换。物理学最基本的两个定律分别是物质守恒定律（物质不灭定律）和能量守恒定律，合起来称为质能守恒定律。

爱因斯坦著名的质能转换公式背后的基本哲理深邃高妙，它揭示了物质和能量不过是同一个事物的两种表现形式，是同一个硬币的两面。这个硬币就是宇宙的本质，就是宇宙自然、大千世界、人类社会的本质。

宇宙的本质究竟是什么？是物质还是能量？是物质还是精神？精神就是能量。爱因斯坦以精确的数学表达公式无可争辩地告诉我们，物质和能量相互转化，能量即物质，物质即能量；你就是我，我就是你；你中有我，我中有你；你可以转化为我，我可以转化为你。宇宙是物质也是能量，是能量也是物质。

什么是能量？很难定义。凡能驱动世界一切运动变化、演化、进化的力量即是能量。因此，能量绝非仅仅是我们日常生活习以为常的煤能、电能、太阳能、风能、潮汐能、原子能、生物能等，思想、精神、知识、智力、智慧等人类一切精神和意志皆是能量，而且是更加重要的能量。如若没有人的精神、意志、愿景、预期、思想、智慧，宇宙一切和大千世界则根本就不会存在。

是故，宇宙是物质也是精神，是精神也是物质。依此而论，人类哲学史上唯物论和唯心论的争论，原本是毫不相干或根本不对题、毫无意义的争论，因为宇宙的本质既不是唯心论也不是唯物论，而是物质即精神，二者相反相成、相克相生、相互融合。当然，从生命演化的角度看，精神起主导作用，是主导力量。所谓"唯"，非唯一之义，乃是主导之义。

据此，我们可以将熵理解为质能一体的总称。正熵或熵增是能量转化为物质的速率或速度，负熵或熵减则是物质转化为能量的速率或速度。任何生命体或组织系统，必然是物质和能量的有机统一体或辩证统一体。一个生命体假若只有物质，没有任何能量涌现、发动或内在地起作用，则此生命体就已然死亡，不再是生命体了，只是一堆毫无生机活力的无机物。相反，一个生命体假若只有能量，没有任何物质形态或载体以承担或表现能量的涌现、发动和作用，则此生命体只是超越意义或形而上意义的生命体，而不是我们人类能够观察研究和模仿学习的生命体。

因此，任何现实的生命体或生命系统，都必然是物质和能量相辅相成、相互转化的动态有机体。生命体时刻处于变化或转换之中，未有一刻能够停息。停息就意味着死亡。佛家论诸行无常，是对生命演化本质的精彩描述。物质和能量永远处于一种动态的非平衡状态或耗散结构中，生命本质上就是质能相互转换的耗散结构。在一个生命体系或组织体系的全部生命周期里，两股熵流（正熵和负熵）此消彼长。生命体系在初生和成长时期，负熵流（熵减流）大于正熵流（熵增流），生命体系不断创造出新的秩序。对人而言，新的秩序体现为生命机体功能的日益完善和强健、知识的不断丰富、智力和智慧的不断提升和完善；对企业组织而言，新的秩序体现为企业产品和服务市场不断扩张，新产品、新服务、新商业模式层出不穷，体现为永不衰竭的创新活力和动力。

生命体系由盛转衰（注意：由盛转衰的过程中没有任何停顿或拐点，我们其实无法预测和判断一个生命体系什么时候开始由盛转衰，只能从经验角度大体推测一个时间段或拐点），正熵流开始大于负熵流，熵增成为主要趋势（正熵流大于负熵流），生命体系逐渐转向怠惰、涣散、衰败、衰亡，最终到达死亡，生命体系的秩序则不断解体、溃败、失序，直至完全无序的状态（死亡就是完全无序的状态）。

于人而言，秩序的溃败和解体体现为吸收新知识和新智慧的能力日渐衰退，身体各项机能日渐疲惫和衰老，思维和认知能力日渐弱化甚至逆转（阿尔茨海默病、失忆等）。于企业组织而言，秩序的溃败和解体则体现为市场的不断萎缩，创造新产品和新服务的能力日益削弱，优秀员工不断流失，组织活力不断丧失，内部腐败，精神涣散，等等。

综上所述，所谓熵就是物质和能量相互转化的速度或速率。古往今来所有伟大宗教修行者（以佛教为代表）皆坚信人能够凭借人类精神的伟大力量（愿力），矢志修行，终究能够摆脱物质躯壳的束缚，将生命提升为与天地万物融为一体的纯粹精神生命。庄子的理想是"独与天地精神往来"（《庄子·杂篇·天下》）；孟子的理想是"万物皆备于我矣。反身而诚，乐莫大焉"，是"上下与天地同流"（《孟子·尽心章句上》）；佛家的理想是舍染得净，转识成智，离苦得乐，奔向寂静涅槃的极乐世界。如上种种，皆是一种完全摆脱物质束缚的纯精神生命。此为物质转化为能量的极致或最高境界，即负熵流完全覆盖正熵流，精神或能量不再为物质拘束，也不再需要通过任何物质载体来体现，此乃庄子所谓"无待"的境界。如果熵增完全覆盖熵减，正熵流完全覆盖负熵流，则能量完全转化为物质，整个宇宙将变成一堆毫无生机的死物质，或呈热寂、死寂的状态。这是能量转化为物质的极限，是热力学第二定律所描述的景象或宇宙的命运。

人类、动物、植物和无机物的根本区别，就是精神、思想和意志程度的不同。精神、思想、意志的力量就是具有无限创造力、能够"无中生有"的生命内能。佛家认为，天地万物皆有佛性。然则无机物的精神、思想和意志隐而未显，植物的精神、思想和意志也隐而未显，动物的精神、思想和意志则已然显现。许多动物皆有一定程度的智力和情感，如狼就表现出惊人的意志力和所谓狼性精神。

人类是可以将精神、思想和意志发展至最高境界的。古往今来一切伟大人物，从无生有，创造出令人惊叹的奇迹。这些创造皆是思想的创造、意志的创造，是人类生活最大的秘密，也是最普通的常识。人类的精神、思想和意志当然也有程度和层次的差异。精神萎靡、思想贫乏、意志薄弱者，难当大任，难成大事；精神健旺、思想丰富、意志坚定者，才是人类生活的领袖和引导者。一旦精神涣散、思想停滞、意志崩溃，一切创造和创新活动就完全终止。古往今来人类修行的最高目标就是达到完全和纯粹精神生活的境界，而修行的过程就是不断摆脱物质的羁绊，不断提升精神生活的境界。

同样，任何组织要避免熵增（正熵）超越熵减（负熵），就必须持续激发负熵（以今天时髦的术语说，就是激发正能量）。激发负熵就必须不断唤醒人们的精神，激扬人们的意志，解放人们的思想。思想的开放和自由、精神的独立和丰富、意志的坚定和张扬，不仅是一切个人不断焕发生命活力和创造动力的根本源泉，而且是一切组织不断焕发生命活力和创造活力的根本源泉。任何个人和组织的衰落，首先的征兆就是思想的停滞和僵化，就是对思想自由和意志独立的压制和扼杀。

第四章

熵减和热力学第二定律的反定律

熵增和热力学第二定律：黑暗的宇宙观

美国学者杰里米·里夫金和其他学者将熵增和热力学第二定律引入经济分析，提出一种全新的经济观，即以节约能源和资源、保护环境、绿色和可持续发展为核心的新经济观。过去40年来，这种新经济观日渐成为人类的主流经济观或主流经济政策理念。

然而，熵增和热力学第二定律只是描述和分析了宇宙生命本质的一个侧面，即负能量。对生命演化而言，远为重要的不是熵增和热力学第二定律，而是熵减和热力学第二定律的反定律。

自从19世纪物理学家首次明确提出熵和热力学定律以来，人们的注意力几乎全部专注于探讨熵增和热力学第二定律的后果。熵增、时间之矢、不可逆过程、玻尔兹曼无序性原理、任何一个封闭系统的熵总是趋于最大……都是热力学第二定律的不同表达方式。它们所描述的宇宙图景是灰暗、可怕甚至极端恐怖的，因为宇宙和生命最终都将迈向那个不可思议的热寂状态。

对于局部系统而言，事情尚有希望，因为任何一个小的或局部系统总是有办法对外开放，从而吸收外部能量或从外部吸收有序或负熵，从而维持生命或系统的生机活力。然而，对于整个宇宙而言则没有这样的可能性。因为宇宙是一个孤立或封闭系统，正如耗散结构理论开创者、1976年诺贝尔化学奖得主普里戈金所说："有什么系统能比整个宇宙更'孤立'呢？"①

这就是为什么克劳修斯1865年以如下两点来高度概括他的宇宙学：一

---

① 伊·普里戈金，伊·斯唐热. 从混沌到有序：人与自然的新对话 [M]. 曾庆宏，沈小峰，译. 上海：上海译文出版社，1987：163.

是"宇宙的能量是常量"；二是"宇宙的熵趋于最大"。[①]

克劳修斯以熵增和热力学第二定律为基础的宇宙学如此强大，以至那些伟大科学家都对生命的起源及其演化动力产生了深刻的怀疑。

普里戈金在《从混沌到有序》一书里不止一次地说："可以肯定，生命和玻耳（尔）兹曼有序性原理是不相容的。"[②]实际上就是说，生命和熵增及热力学第二定律不相容。当然，普里戈金是耗散结构理论的开拓者，所谓耗散结构，"是强调在这样的情形中，一方面是结构和有序，另一方面是耗散或消费，这二者之间有着初看上去是悖理的密切联系"[③]。普里戈金的科学贡献正是揭示远离平衡态的体系为什么能够产生秩序，为什么从混沌中能够产生秩序。所以他当然知道，"生命和玻耳（尔）兹曼的有序性原理是不相容的，但和在远离平衡态条件下可能出现的那种状态并非是不相容的"[④]。易言之，生命的本质正是系统在远离平衡态的时候，能够诞生秩序或有序。

然而，普里戈金的耗散结构依然只是适用于局部系统，对于那个真正完全孤立的系统——整个宇宙——来说，是否能够产生耗散结构，他并没有明确说明。相反，他认为，在宇宙学这个领域里，"大多数著作都一致地预言最终的恶运"[⑤]。他引用另外一位科学家的论述："令人不快的真理看来

---

① 伊·普里戈金，伊·斯唐热.从混沌到有序：人与自然的新对话 [M].曾庆宏，沈小峰，译.上海：上海译文出版社，1987：163.

② 伊·普里戈金，伊·斯唐热.从混沌到有序：人与自然的新对话 [M].曾庆宏，沈小峰，译.上海：上海译文出版社，1987：187.

③ 伊·普里戈金，伊·斯唐热.从混沌到有序：人与自然的新对话 [M].曾庆宏，沈小峰，译.上海：上海译文出版社，1987：187.

④ 伊·普里戈金，伊·斯唐热.从混沌到有序：人与自然的新对话 [M].曾庆宏，沈小峰，译.上海：上海译文出版社，1987：187.

⑤ 伊·普里戈金，伊·斯唐热.从混沌到有序：人与自然的新对话 [M].曾庆宏，沈小峰，译.上海：上海译文出版社，1987：159.

是，宇宙的无可挽回的分裂如我们所知的那样，是肯定无疑的。支撑着一切有序活动（从人类到星河）的组织性正在慢慢地但又不可避免地减少着，甚至会被总的引力坍缩所湮灭。"①

简言之，熵增和热力学第二定律代表着一种黑暗的或无生命的宇宙观或世界观。

熵减和热力学第二定律的反定律：光明的宇宙观

·宇宙生命的本质并不只是熵增和不可逆，也不只是受热力学第二定律的支配，相反，宇宙生命最本质的特征恰恰是熵减、可逆性、从无序到有序、从混沌到有序。支配宇宙生命演化的不仅仅是热力学第二定律，更有热力学第二定律的反定律。

尽管热力学第二定律所描绘的黑暗宇宙观统治着多数人的头脑，却有少数杰出科学家洞察或体悟到生命的伟大秘密。薛定谔以"负熵"来概括生命的本质，这是深刻的洞见。美国著名物理学家、量子电动力学奠基者之一弗里曼·戴森（Freeman Dyson）的著作《全方位的无限：生命为什么如此复杂》就极力赞扬生命的无穷力量。戴森写道：

> 可以想象，生命所起的作用可能比我们曾意想的还要大。在按照自己的目的去塑造宇宙的活动中，生命会克服一切不利因素而获得成功。并且对这个无生气的宇宙的设计不可能像二十世纪科学家曾经想

---

① 伊·普里戈金，伊·斯唐热. 从混沌到有序：人与自然的新对话 [M]. 曾庆宏，沈小峰，译. 上海：上海译文出版社，1987：159–160.

假定的那样离开生命的潜力和智能。"①

戴森是少数认真研究过生命最终命运的科学家（当然以我的观点看，生命无所谓最终命运，生命是无限可能、永无止境的）。戴森甚至做过计算，估计生命和智力活动能否存活到宇宙终结之时。他的结论是肯定的。他说："我计算的数值结果显示，永久生存和信息交流所需的能量不算很大，这令人惊讶……这强有力地支持了对生命潜力持乐观态度的观点。无论我们向未来走得有多远，总会有新鲜事物发生，有新信息进入，有新世界去开发，有可供不断拓展的生命、意识、知觉和记忆的疆域。"②

生命是分层次的。原则上，所有物质包括无机物也有生命。然而，通常而言，我们只认为有机体或有机物才具有真正的生命。从最简单的生命体到动植物再到高等动物、智慧生物，生命呈现无限丰富的层面。人们认为最高级的生命是人的智力或心智。心智征服其他一切生命形态，生命则征服一切物质。

戴森认为人的心智最终将控制整个宇宙。他在《全方位的无限》里，以极富想象力而又深邃的语言写道：

> 在我看来，心智渗透及控制物质的倾向是自然定律……这种渗透深入宇宙，不会被任何灾难或我所能想象的任何藩篱永久阻挡。假如我们这个物种不走在前头，别的物种就会带头，也许已经走在前头了。

---

① 伊·普里戈金，伊·斯唐热. 从混沌到有序：人与自然的新对话 [M]. 曾庆宏，沈小峰，译. 上海：上海译文出版社，1987：160.

② 伊·普里戈金，伊·斯唐热. 从混沌到有序：人与自然的新对话 [M]. 曾庆宏，沈小峰，译. 上海：上海译文出版社，1987：169.

假如我们这个物种灭绝，其他物种会更聪明更幸运。心智是有耐心的。它在奏响第一阕弦乐四重奏之前，在这个星球上等待了30亿年。或许还需要30亿年它才能遍布整个银河系。我认为不会等这么久。但是如果需要的话，它有此耐心。宇宙就像在我们周边展开的沃土，准备好等待心智的种子萌芽、生长。或迟或早，心智终将践行传承。当它知会并控制宇宙之后会选择做什么？这个问题我们不能奢望回答。[①]

这是极富想象力的预言：最高层次的生命将征服整个宇宙！

生命的基本特征：无中生有

道家思想的伟大经典《老子》曰："天下万物生于有，有生于无。"妙哉，奇哉，老子之言也！

信息科技时代的思想家和预言家凯文·凯利就用"大自然从无创造了有"来总结他那部篇幅超过700页的巨著《失控》。

凯文·凯利说："大自然从无创造了有。先是一颗坚硬的岩石星球；然后是生命，许许多多的生命。先是贫瘠的荒山；然后是点缀着鱼和香蒲、还有红翅黑鹂的山涧。先是橡子，然后是一片橡树林。"[②]

儒家经典《中庸》这样描述生命创造奇迹：

---

① 凯文·凯利.失控：全人类的最终命运和结局 [M].张行舟，陈新武，王钦，等，译.北京：电子工业出版社，2016：169.

② 凯文·凯利.失控：全人类的最终命运和结局 [M].张行舟，陈新武，王钦，等，译.北京：电子工业出版社，2016：722.

天地之道，可一言而尽也：其为物不贰，则其生物不测。天地之道：博也，厚也，高也，明也，悠也，久也。今夫天，斯昭昭之多，及其无穷也，日月星辰系焉，万物覆焉。今夫地，一撮土之多，及其广厚，载华岳而不重，振河海而不泄，万物载焉。今夫山，一卷石之多，及其广大，草木生之，禽兽居之，宝藏兴焉。今夫水，一勺之多，及其不测，鼋鼍、蛟龙、鱼鳖生焉，货财殖焉。[1]

这与现代科学家凯文·凯利所说的有区别吗？可见我们的华夏先哲对生命本质的体悟是何等深邃和博大！

那么生命征服宇宙究竟是靠哪些机制呢？凯文·凯利综合计算机科学、生物学和复杂性科学的前沿成果，概括出大自然用以无中生有的九条规律：

- 第一律：分布式。
- 第二律：自下而上的控制。
- 第三律：递增收益。
- 第四律：模块化生长。
- 第五律：边界最大化。
- 第六律：鼓励犯错误。
- 第七律：不求最优化，但求多目标。
- 第八律：谋求持久的不均衡态。
- 第九律：变自生变。[2]

[1] 朱熹.四书集注 [M].长沙：岳麓书社，2004：39.

[2] 凯文·凯利.失控：全人类的最终命运和结局 [M].张行舟，陈新武，王钦，等，译.北京：电子工业出版社，2016：722–723.

无论是蜂群、蚁群、雁阵、狼群等还是超级计算机的思维，无论是人类的思维、记忆、意识、智力等还是动植物生态体系行为、经济体系的行为、全球贸易和全球市场，所有这些遍布地球乃至整个宇宙的系统都是一种由无数个体构成的分布式结构。构成庞大系统的每一个个体本身又是一种分布式结构，如此分布下去，直至无穷。

生命、创造和演化根植于分布式结构之中。演化生物学家和混沌理论开拓者斯图尔特·考夫曼（Stuart A. Kauffman）长期致力于研究生物体系的演化机制，发现网络式扩张正是生物体系或一切生命体系演化的一个主要机制。生命和创造的分布式结构对于我们理解创造性的经济体系，理解全球和地区经济增长具有重要意义。

自下而上的控制则是分布式网络连接的必然要求。分布式网络意味着网络中的一切都可能相互连接，一切都会同时发生。因此控制必须来自网络自身最底层相互连接的行动，并通过并行方式来完成，而不是出自中央指令的行为。凯文·凯利说："群体能够引导自己，而且在快速、大规模的异质变化领域中，只有群体能引导自己。要想无中生有，控制必然依赖于简单性的底层。"[①]

分布式结构必然产生自下而上的控制机制。这为我们深刻理解市场机制、公司内部管理层级的设计、国家治理体系以及民主制度的本质，提供了深刻的启示。

经济学者长期忽视规模收益递增。实际上规模收益递增是人类社会和自然界一个最普遍的现象，也是生命演化和创造过程的一个最普遍的规律。我们每个人都有非常真切的日常经验。我们获得任何一项技巧或能力，随

---

① 凯文·凯利. 失控：全人类的最终命运和结局 [M]. 张行舟，陈新武，王钦，等，译. 北京：电子工业出版社，2016：723.

着我们不断地累积和学习，都必定熟能生巧，甚至创造出伟大的奇迹。这正是《圣经·新约·马太福音》里所说的"马太效应"："因为凡有的，还要加给他，叫他有余。"每一个人都知道一个最简单的道理：成功往往会增强信心，带来进一步的成功；信心本身就会激励出更强大的信心，意志会磨炼出更坚定的意志。当我们持续学习，深思某一个问题，并且跨学科去试图寻找答案的时候，我们往往会得到令人吃惊或超乎想象的结果。规模收益递增是生命和创造的一个基本规律，自然也是经济体系的一个基本规律。所谓赢者通吃和锁定现象皆来自规模收益递增。

模块化生长意味着任何复杂系统都是从某个微小的模块或个体开始的。任何复杂的创造（无论是复杂无比的全球经济、全球信息产业链还是一个社区的建立、一个学术体系的创建等）都必定是从单个模块或个体的创造起步的。

边界最大化实际上是任何生命系统的一个基本特征：差异性和独特性才能创造多样性和无限丰富的世界。如果系统的每个个体都是千篇一律或完全同质，创造性的生机必然枯竭。自然界从来不会如此。人类社会有时可能接近这样千篇一律、枯燥乏味、毫无生机的状态。譬如一个残暴的专制者要求每个人的思想都要统一起来，那必然意味着一切创造生机丧失殆尽。

鼓励犯错误是一切演化和学习过程所必需的要素，因为演化本身就是一个试错的过程。我们每个人一生的学习、创业和创造的过程都是一个试错的过程，没有例外。原因很简单，一切生活都是面向未来的创造。

至于第七律、第八律和第九律后文将有涉及，此处不再详论。

除上述"九律"之外，生命体系的演化还有七个基本特征：

第一，自我复制。

第二，自我催化或相互催化。

第三，自我组织。

第四，非均衡。生命体系永远是远离平衡态的非均衡体系。

第五，动态演化或持续进化。演化过程从未停止过，也永远不会停止。一旦停止，就等于死亡。

第六，有目的。生命能够自定义行动的目的。生命的行动总是有目的的行动。

第七，有意义。生命能够自定义行动的意义或赋予任何行动以意义，这就是自我意识或自我觉醒的本质。

热力学第二定律及其反定律的多种表现方式

第一，能量表达方式：宇宙作为封闭系统终究将全部有效能量转化为无效能量，系统终究迈向热寂状态，不再能做任何功。

反定律：生命本身具有"无中生有"的生命内能，能够将物质转化为能量，将无效能量转化为有效能量，生命将永不停息地遍布宇宙，宇宙将永不停息地诞生新生命，最高级智慧生命终将掌握全部宇宙，并继续演化出新的生命形态，没有任何热寂状态。

第二，信息表达方式：宇宙或任何封闭系统的全部有用信息终将全部消失，直至系统不再有任何新的事情或事件发生。

反定律：生命自身的精神、思想和意志将永不停息地产生新的信息，创造新的事件或现象。新的事件或现象会永不停息，持续诞生，层出不穷。

第三，物质表达方式：任何封闭系统或整个宇宙的每一个组成部分或微观粒子终将达到完全相同的均衡态。整个系统的任何微小组成部分终将成为无差别、完全均匀一致的状态，没有任何独特性、差异性或多样性。

反定律：生命将永不停息地创造独特性、差异性或多样性，不可能出现所有微观组成部分完全一致、无差无别的均衡。非均衡才是永恒的常态。

第四，秩序表达方式：任何封闭系统或宇宙的演化趋势必然从有序到无序，最终成为完全无序的状态。

反定律：生命内能将永不停息地创造出新的秩序，宇宙将持续或快速地向更加有序的状态演化，即向生命更加丰富和多样的状态演化。

第五，生命表达方式：任何封闭的生命体系或宇宙终将从有生命演化到无生命的死寂状态。

反定律：生命本具自足的内能——精神、思想和意志——将创造日益丰富、独特、多元的生命形态，生命将遍布全宇宙。

第六，系统表达方式：任何封闭系统的不确定性将持续增加，直至完全失去任何演化或发展的方向。

反定律：生命内能具有自定方向的能力，生命自身必然为生命系统的演化确定永恒向上和永恒创造新生命形态的方向。

第七，组织表达方式：任何封闭系统或宇宙必然持续迈向组织涣散、无组织或无序状态。

反定律：自组织是生命体系演化的基本机制，生命必然创造日益复杂和丰富的自组织。

再论创造的本质

我们可以从如下视角来理解创造的本质：

第一，创造就是将一种精神能量或思想能量转化为一种新的物质或秩序。

第二，创造就是将一种物质或能量转化为一种新的信息。

第三，创造就是将一种信息转化为新的物质或能量。

第四，创造的本质就是发现或创造出新的秩序或复杂性。

第五，创造就是生命本质的定义，生命就是创造。生命是一种有目的、有意义、动态的、演化的、自组织的秩序。一切人类的创造都是将生命蕴含其中的秩序。创造就是创造秩序。整个宇宙、自然、人类社会的秩序皆是生命的体现或创造。凡有秩序的地方必定是有生命的地方或生命留下的印记。

第六，创造就是信息、物质、能量三者之间永无止境的转换过程。莱布尼茨最早提出广义信息的理念：信息是人类、机器、数字以及精神的通用货币。表面看起来迥然不同的世界的各种成分——大块的金属、脑中的灰质、纸上的墨痕，在深层次上都是可以相互交换的。生命本质上就是一部精巧的信息、能量、物质相互交换和计算的超级机器。神经科学、精神医学、计算机科学、数理逻辑和人工智能是统一的。

第五章

引入熵减的新经济观

将熵增和热力学定律引入经济学

1980 年，美国著名学者杰里米·里夫金出版了轰动一时的著作《熵：一种新的世界观》。里夫金试图改变他所说的"机械世界观"，创立一种"新世界观"。里夫金所说的机械世界观的基石是依靠消耗自然资源和化石能源来实现物质财富的永久性增长；新世界观的基石则是基于熵增和热力学第二定律，即人类必须尽最大可能保护有限的资源，以防止人类过早地将有限的资源消耗殆尽，将人类过早地推向热力学第二定律所预言的热寂状态。

里夫金描绘了一幅可怕的图景："纵观全部美国发展历史，我们的生活方式从来没有遇到过如此重大和严峻的挑战。假若不可再生能源的供应急剧缩减，将美国经济推向停滞的深渊，那么，人们要求立刻采取行动的呼声将响彻云天，震耳欲聋。到那个时候，就没有什么保守派或自由派之分，也没有什么鸽派或鹰派之分，只有数百万、上千万乃至数亿陷入绝望的人不惜一切代价要寻求救助。这种图景并非是远在遥不可及的未来，它随时都可能降临。"[①]

里夫金发出这样的呼吁一点也不奇怪。20 世纪 70 年代正是全球性石油危机和能源危机频繁爆发的岁月。石油危机曾经让很多国家的经济（包括美国和日本）陷入停滞、衰退和通胀（史称"滞胀"）。1972 年，罗马俱乐部发表震惊世界的研究报告《增长的极限》，核心观点就是：如果不改变依靠自然资源拉动经济增长的传统模式，那么人口增长和经济增长的正反馈回路必将继续产生更多的人和更高的人均资源需求。这个增长模式必然走向它的极限，也就是耗尽地球上所有的不可再生资源，到那个时候，也

---

① Jeremy Rifkin, *Entropy: A New Worldview.* The Viking Press, 1980.

就意味着全球或人类经济体系的彻底崩溃。

里夫金的《熵：一种新的世界观》正是罗马俱乐部观点的一个新版本，即从熵增和热力学第二定律的视角来告诫人类必须要转变增长方式和发展模式，要放弃依靠消耗自然资源来维持经济增长的传统增长方式，要致力于保护不可再生资源，尽可能少消耗不可再生资源，努力保护环境，实现可持续增长和可持续发展。

里夫金回顾了工业革命以来人类经济思想的演变。他追溯了牛顿、约翰·洛克（1632—1704）和亚当·斯密等欧洲思想家的理念发展，指出工业革命以来，人类的发展方向正是基于对物质财富的无限度和永恒的追求，而人类对物质财富无限度和永恒的追求则是基于对自然的掠夺。里夫金认为，整个经济学都是基于对自然资源的消耗或掠夺，却忽视了熵增和热力学第二定律所预示的可怕前景，那就是资源消耗将导致地球生态体系的"熵"的快速增长。如果熵增的趋势得不到遏制，那么热力学第二定律最终必定导致人类陷入真正的大毁灭——热寂状态，即一切生命都将死亡！

自从《熵：一种新的世界观》出版以来，里夫金的观点就没有改变过。他始终不遗余力地在全世界宣传绿色低碳的发展模式，呼吁世界各国实施经济模式变革，以遏制碳排放和地球变暖。2012年，里夫金出版《第三次工业革命》，主题与《熵：一种新的世界观》完全一样，那就是呼吁和倡导人类实施全方位的能源革命，以挽救人类经济和人类文明。

里夫金认为2008年全球金融危机的真正原因是人类正在迈向石油世纪的衰退期。他说："我把2008年7月发生的一切称为全球化的巅峰期。虽然这个世界仍有许多未知存在，但很明显的是，在一个极其依赖石油和其他化石燃料的经济体系里，就推动经济增长而言，我们已经竭尽全力。同时，我认为，我们正处于第二次工业革命和石油世纪的最后阶段。这是一个令人难以接受的严峻现实，因为这一现实将迫使人类迅速过渡到一个全新的能源体制和工业模式。否则，人类文明就有消失的危险。"[1]

里夫金对人类经济和文明的担忧基于两个基本判断：一是石油峰值理论，也就是说，全球石油产量峰值将很快来临（有人认为来临的时间是2010—2020 年，也有人认为是 2025—2035 年）；二是全球气候变暖，里夫金认为，"气候变化是对人类生存最大的威胁"[2]。

为了解决这两大问题，里夫金系统阐释了他心目中的人类新工业文明蓝图，这个新工业文明蓝图基于能源革命：

> 　　未来，每一处建筑都会转变为能就地收集可再生能源的迷你能量采集器；未来，每一个建筑物都将转变为微型发电厂，以便就地收集可再生能源；未来，将氢和其他可储存能源储存在建筑里，利用社会全部的基础设施来储藏间歇性可再生能源；未来，利用工业互联网技术将全球的电力网转化为能源共享网络，工作原理就像互联网一样；未来，汽车、公交车、卡车、火车等构成的全球运输模式，将变成插电式和燃料电池型，也就是以可再生能源为动力的运输模式；未来 25年内，数以百万计的建筑——家庭住房、办公楼、大型商场、工业技术园区——将既是发电厂，又是住所……

毫无疑问，将熵增和热力学第二定律引入经济学，可以极大地扩展我

---

① 杰里米·里夫金.第三次工业革命：新经济模式如何改变世界[M].张体伟，孙豫宁，译.北京：中信出版社，2012：8—9.

② 杰里米·里夫金.第三次工业革命：新经济模式如何改变世界[M].张体伟，孙豫宁，译.北京：中信出版社，2012：23.

们对经济行为和经济现象本质的认识。从更广泛的意义上说，经济学应该充分吸收人类一切学问所发现的真理和智慧，因为人类经济行为和经济体系正是人类一切行为的综合结果。

1921 年，诺贝尔化学奖得主弗雷德里克·索迪最早尝试将热力学定律引入经济学。索迪在 1911 年出版《物质与能量》（*Matter and Energy*）一书，他以非常夸张的语言告诫经济学同人："热力学定律最终控制着政治制度的兴盛和衰亡，国家的自由和奴役，商务及工业的命脉，贫困和富裕的根源，以及人类总的物质财富。"[①]

根据我提出的新经济学和新的经济世界观，索迪的宣言并不完全正确（下一节我将继续论述这一点）。然而，经济学者应该努力吸收自然科学、生物学和其他一切学科的智慧，这是毫无疑问的。已经有一些经济学者一直努力运用热力学定律来改造经济学的基础理论，并以此来衡量经济体系的各种指标，却至今没有被主流经济学接纳。新古典经济学的理论和 GDP（国内生产总值）核算体系那一套指标依然牢牢地统治着人们的头脑，这是非常令人遗憾的事情。

熵增和新经济观：基本的改变

引入熵增和热力学第二定律，至少会在如下几个方面从根本上改变我们对人类经济行为、经济增长过程和未来经济前景的认识。

第一，改变成本的概念。成本是经济学最重要和最基本的概念。然而，今天经济学的成本概念依然是机会成本的概念，即基于人的选择行为的一

[①] Jeremy Rifkin, *Entropy: A New Worldview.* The Viking Press, 1980, p.8.

种成本理念。这个成本理念对于我们理解人的决策或选择行为的相对代价（价格）有帮助。但是，假若我们转而从生物学角度来考察人类经济行为和经济体系，那么，机会成本的理念则完全不适用。我们必须转用经济体系的状态变量来描述和分析经济体系，其中最重要的状态变量就是熵，最重要的过程就是熵增和熵减。

第二，一切经济行为、经济现象和经济增长过程，同时是一个熵增的过程和熵减的过程。从维持和提升经济体系的有序性（薛定谔所说的吸收"序"）角度来看，只有熵减（负熵）大于熵增（正熵）的经济过程，才是具有价值的，否则就是不值得从事的经济活动。尽管我们至今还没有办法去精确度量每一项经济活动的熵的变化（熵增或熵减），但是这个基本的理念却有助于我们改变对经济行为本质的认识。

第三，从熵的视角来考察经济过程的效率。一个有效率的经济过程应该是消耗尽可能少的旧的有序（投入的各种资源），来创造出尽可能多的新的有序（新的产品和服务）；或者说，消耗尽可能少的有效能源（生产过程要创造尽可能少的无效能量），以创造出尽可能多的新的能量（有效能量）。

第四，一个基本视角是经济增长过程的能量消耗与有用产品和服务的比率。经济学者习惯谈论的投入—产出比或劳动生产率，是基于一种货币成本（机会成本）或会计学意义上的投入与产出（或成本与收入，或投资与收益）比较。这种比较从人的选择行为角度来看是有意义的。如果我们从生物学的视角来考察经济体系和经济行为，经济学习以为常的投入—产出分析、成本—收入分析或投资—收益分析就基本失去意义了。正确的指标应该是新创造的能量与失去的能量（无效能量）之比，或者是生产过程新创造的有序与生产过程创造的无序之比，或者是负熵与正熵之比，或者是熵减与熵增之比。

第五，从新的经济观来考察 GDP 核算体系，或许最有用的指标是单位 GDP 的能耗。该指标衡量的是每创造一单位 GDP 所消耗的能量。然而，该指标仍然有一个重要的方面需要改进，那就是 GDP 的质量。尽管消耗相同的能源，一单位 GDP（以货币来衡量）所包含的"有序"物质和服务（能够给我们提供最高的价值）也非常不同。假冒伪劣商品所构成的一单位 GDP 的能耗或许比货真价实的一单位 GDP 的能耗要低，然而假冒伪劣产品和服务所蕴含的价值要低得多，甚至会是负价值，即只会给消费者造成伤害。正是从这个意义上，我所倡导的新经济学尤其强调人的道德创造性对人类经济活动的决定性，认为道德（精神）的创造性要优先于或高于物质（知识）的创造性。

第六，引入熵增和热力学第二定律的新经济观必定要倡导和坚持绿色和可持续发展理念，必定要倡导人和自然环境的和谐共处，必定始终致力于节约一切可以节约的能源，致力于保护环境、保护地球生态，绝不能允许以牺牲自然环境来追求所谓的 GDP。这正是日益被当今世界所普遍接受的新发展理念。它的基础不是新古典经济学的机械式的旧经济观，而是明确引入熵增原理和热力学定律的新经济观。

第七，纵观全球经济过去半个世纪以来的发展，以色列、日本、德国和欧洲诸国应该是履行或实践新经济观最杰出的国家或地区。

20 世纪 70 年代全球能源危机爆发，日本经济遭受重创，痛定思痛的日本企业家和社会各界，开始致力于增长模式和发展方式的转型。依照日本传奇企业家、索尼公司创始人盛田昭夫自传《日本制造》一书的描述，日本的经济转型就是致力于实践 4 个字——"轻、薄、短、小"，即日本所有企业、所有产品皆致力于重量轻、厚度薄、尺寸短、体积小的目标，综合起来就是高度节能，高质量，经久耐用。中国传奇企业家、华为公司创始人任正非先生以"永远用不坏"来高度称赞日本制造的高质量。从产品全生命周期的能耗来衡量，"轻、薄、短、小"的产品当然远远优胜于"傻、大、黑、粗"的产品。苏联和一些美国制造的产品就以"傻、大、黑、粗"著称于世，尤其是高能耗这一点一直被业界诟病。与此同时，日本企业家以丰田公司为榜样，致力于实现以零库存为突破口的精密生产方式，成为全世界制造业的榜样。今天的日本经济可以说基本实现了人和自然的和谐共生。日本经济不再是能源消耗型经济，真正实现了绿色和可持续发展。

德国和欧洲诸国是全球不断提升环保标准的先驱者。以德国制造为代表，德国和欧洲各国始终致力于以先进科技促进经济增长，总体而言实现了人和自然的和谐相处，实现了绿色和可持续发展。

世界上基本或完全不依靠自然资源而实现持续经济增长的国家首推以色列。以色列著名领导人、前总统和前总理西蒙·佩雷斯曾经自豪地说，以色列没有自然资源，以色列人的头脑和智慧就是我们最宝贵的资源。以本·古里安为代表的以色列开国元勋始终坚持教育立国、科技立国的理念，创造了"沙漠变绿洲"的人间奇迹。一个几乎没有自然资源、80% 国土面积是沙漠的国家，竟然成为全球农产品的重要出口国，实在是令人叹为观止。这正是新经济观的奇迹。

第八，引入熵增理念和热力学第二定律的新经济观，同样会给我们创造生活方式的新境界。从熵增或能耗的角度考察人的生活方式，人类的许多生活方式是不健康和不可持续的。工业革命时代人类的主流生活方式就是无限度追求物质财富或物质享受，居室、座驾极尽奢华，饮食、起居极尽精细，这些行为已经成为环境恶化、地球变暖的罪魁祸首。要真正应对地球变暖、环境恶化的重大挑战，不仅需要改变生产方式，而且需要彻底改变生活方式。

科学家已经开始精确估算生物生态体系或人类生活方式每一个环节所消耗的能源。譬如化学家 G. 泰勒·米勒用一个简短的食物链解释了生态系统的每一个阶段可利用的能量是如何被处理的，以及熵产生的过程。他首先指出在生物进食的过程中，有 80%~90% 的能量被浪费了，或以热的形式消散在环境中，只有 10%~20% 的能量被生物真正摄入，因为能量从一个生物转移到另一个生物体上需要消耗大量的能量，从而造成能量的损失。

米勒以一个由青草、蚱蜢、青蛙、鳟鱼和人所组成的简单食物链为例描述了能量消耗和熵产生的过程。根据统计，米勒发现，一个人为了生存，每年需要吃掉 300 条鳟鱼，而鳟鱼要吃掉 9 万只青蛙，青蛙则要吃掉 2700 万只蚱蜢，蚱蜢要吃掉 1000 吨青草。

科学家还精确估算了牛排生产过程中的能量消耗。牛排生产必须经历种植饲料、饲养牲畜、配送、屠宰、分割等，直到最终将牛排端上餐桌。实际上牛排给人本身带来的有效能量很少。

这些科学研究揭示了一个基本道理，那就是要实现人和自然的和平相处，人类需要从根本上调整自己的生活方式，即抛弃工业文明所倡导的"以消费为推动力"的生产方式和生活方式。工业文明本身就是一个倡导消费甚至浪费的生产和生活方式，凯恩斯甚至主张用过度消费来刺激经济增长。这种生产和生活方式其实与可持续发展、人和自然和谐共处的基本理念是不相容的。人类需要从根本上改变自己的生活方式，适可而止，不能提倡过度消费甚至无度浪费。

熵减和经济的耗散结构

引入熵减和热力学第二定律的反定律，我们就必须彻底抛弃新古典经济学将经济体系看作一个静态均衡机械体系的世界观，必须将经济体系看作一个生命体系。事实上人类经济体系就是一个不断演化的生命体系，这是面向未来的新经济学最根本的基础和范式转变。

根本哲理基础和范式的转变要求我们去探索经济体系作为一个不断演化的生命体系，究竟具有哪些独特的演化机制。既然是一个不断演化的生命体系，它必然遵从生命体系演化的基本规律。生物学、非平衡态热力学、复杂和混沌理论等新科学所发现的生命体系演化规律，必然同样适用于人类经济体系。与此同时，人类经济体系又有不同于其他生命体系的独特性，必然具有它自身的独特规律。经济学研究的主要任务就是应用其他科学分支所发现的生命体系演化规律来分析经济体系，并发现经济体系作为一个生命体系所具有的独特规律。

生命体系的基本特征就是：它是一个耗散结构。

什么是耗散结构？根据普里戈金的经典定义，所谓耗散结构是系统在远离平衡态条件下会涌现的一种空间—时间结构，譬如震荡性的化学反应或有规律性的空间分布结构。①

热力学定律让我们能够列出化学系统里耗散结构涌现的两个条件：一是系统远离平衡态，且远离平衡态具有某个关键的距离；二是系统具有某些持续的催化反应或步骤，譬如化合物 X 产生中间化合物 Y，化合物 Y 反过来又产生化合物 X。②

普里戈金说："有趣的是，我们发现所有活的系统或生命系统皆满足耗

① 伊·普里戈金，伊·斯唐热. 从混沌到有序：人与自然的新对话 [M]. 曾庆宏，沈小峰，译. 上海：上海译文出版社，1987.

② 伊·普里戈金，伊·斯唐热. 从混沌到有序：人与自然的新对话 [M]. 曾庆宏，沈小峰，译. 上海：上海译文出版社，1987.

散结构涌现的条件。"①

作为一个生命体系的经济体系是一个远离平衡态的耗散结构，那么，新古典经济学的中心理念——均衡，就应该从根本上被取缔。

许多经济学者都曾经批评均衡理念，认为那是一个无用甚至产生误导的概念，然而，囿于新古典经济学根深蒂固的影响，批评者从来没有提出从根本上取缔均衡理念，并代之以耗散结构或非均衡理念。

譬如，交易费用经济学和产权经济学奠基人科斯教授就认为均衡概念应该被取缔。张五常教授试图重新阐释均衡理念，他认为所谓均衡就是指事物或经济行为具有一个确定的发展方向，可以有被观察到的事实，能够被解释。张五常教授的重新阐释颇有新意，却并没有从生命体系演化的角度来阐释均衡理念之无稽。

均衡概念是经济学者从物理学那里借用过来的。然而，经济学者似乎没有完全理解物理学家所理解的均衡究竟是什么意义，没有说明他们的均衡理念从何而来。

物理学的均衡概念就是热力学第二定律的基本含义。根据热力学第二定律，一个孤立的封闭系统具有迈向均衡的趋向或必然迈向均衡。均衡就意味着熵值最大化，熵值最大化就是系统进入热力学平衡或热寂状态。依照薛定谔的精彩阐释，"热寂"状态就是我们再也观察不到系统内部任何活动或事件，系统完全停留在一个不可知的状态，每一个可能的状态都具有相同的概率，我们却根本不知道系统究竟会朝哪个方向迈进，因为系统已经失去了任何改变的可能性。除非系统突然开放，有外部的物质和能量进入，系统才能重新开始演化。据此而论，张五常教授说均衡就意味着经济

---

① 伊·普里戈金，伊·斯唐热. 从混沌到有序：人与自然的新对话 [M]. 曾庆宏，沈小峰，译. 上海：上海译文出版社，1987.

体系的变化有一个方向，其意义应该是说经济体系具有迈向某种均衡的趋势或方向。这种均衡的阐释正是热力学第二定律的基本含义。

马歇尔《经济学原理》采取所谓部分均衡分析，其关键假设是"其他条件不变"，本质上就是将所研究的对象（系统）孤立起来。一个孤立起来的系统就是一个封闭系统。根据热力学第二定律，一个封闭系统必定具有迈向均衡的趋势，由这个趋势可以推导出系统的演化方向或系统内部各个部分的演化方向。

瓦尔拉斯的一般均衡概念只适合一个完全封闭的经济体系，一个完全封闭的经济体系必定具有迈向均衡的趋向。迈向均衡是一个非活的、孤立的封闭系统能够确定的演化方向，当然可以被观察、被解释，能够预知系统本身或系统内部各个部分如何演化。张五常教授重新阐释均衡理念，新意在此，尽管他没有提到热力学第二定律或熵的概念。我们必须从这个意义上来严格使用均衡概念。

然而，均衡概念不可用之处也在于此。因为经济体系不是一个非活的、孤立的、封闭的系统。根据热力学第二定律，迈向均衡的系统必须满足两个条件，一是非活的系统，二是孤立的封闭系统。所谓非活的系统就是系统本身没有自发自在的生命活力。虽然我们无法精确区分活的系统和非活的系统，然而，活的系统的本质特征就是系统内部具有一种自发自在的力量，能够不断将无效能量转化为有效能量，将无效（无用）物质转化为有效（有用）物质。这种神奇的活力或生命活力的本质是什么呢？这是科学致力于回答的首要问题，即生命的本质是什么。地球有生命活力，我们可以说地球并非一个封闭系统，因为地球从太阳吸收热量，从宇宙空间吸收各种物质或射线。

然而，整个宇宙应该是一个封闭系统（即使是像霍金所设想的那样，具有多个平行宇宙，那多个平行宇宙加起来，也是一个封闭系统），那么，作为一个真正的封闭孤立系统，宇宙如何能够产生生命呢？这个神奇的力量或生命活力就是斯图尔特·考夫曼的著作《重新发现神圣》（*Reinventing the Sacred*）里所说的"神圣"，我们可称为生命原动力或生命内能。实际上，科学无法解释生命原动力或生命内能，科学只需承认它的存在，并致力于探讨这个神奇力量所创造的无限多样的奇迹。

经济体系由人类构成。相比其他生命体，人类具有最高级和最强大的生命原动力。宇宙中的一切皆由生命原动力创造。顾名思义，经济体系就是一个生命体系，它即使是一个完全封闭的系统，也不是一个完全非活的系统，人的创造力总是不同程度地存在。即使是人类历史上最封闭、最专制的国家，虽然人的创造力或生命活力遭到极大程度的戕害或遏制，那些国家的经济体系也依然具有一定的活力或创造力。没有哪个专制君主有能力将所有人都改变成为没有任何思想活力的如同石头砖块一般的无生命体，虽然他们能够将个人的创造力压制到几乎丧失殆尽的地步。每个人的思想都被高度统一，每个人都必须依照最高领袖的意志去思维，几乎完全放弃自己的主观能动性或创造力，每个人都成为专制帝国的一块砖瓦，统治者能够任意搬来搬去，这样的状态非常接近物理学家所说的"每个分子或个体的状态概率皆完全一致"，系统的熵值趋于最大，整个系统将没有什么创新，生命活力的体现被遏制在最低限度。热力学第二定律能够很好地解释专制帝国为何丧失创造活力。

将负熵和热力学第二定律的反定律引入经济学，是经济学研究真正的范式迁移。

第六章

非线性、复杂性和不可预测性

从线性、简单、均衡、静态、可预测转向非线性、复杂性和不可预测

自 20 世纪 70 年代以来，许多科学家开始致力于研究复杂性科学。然而，科学家至今也无法给"复杂性"以一个明确或精准的定义。由此可见，复杂性本身就非常复杂！

我最早开始接触复杂性理论是阅读米歇尔·沃尔德罗普的著作《复杂：诞生于秩序与混沌边缘的科学》。该书描述了桑塔菲研究所的创办历程、主要人物和研究工作，文笔优美，情节生动，分析深入，启人深思。然而《复杂》一书对"复杂"也没有给出非常明确的定义。

该书开篇列举了多个重大历史和自然现象：苏联和东欧的突然崩溃；1987 年 10 月华尔街股市的"黑色星期一"；恐龙和其他古生物物种在某个地质时期的突然灭绝；孟加拉国等许多欠发达国家为什么长期陷入人口过多和发展停滞的困境；原始的液态氨基酸和其他简单分子如何在 40 亿年前转化为最初的活细胞；单个细胞为什么在 6 亿年前开始聚合，形成像海藻、水母、昆虫，最后到人类的多细胞生物体；像眼睛和肾脏这样精巧绝伦的器官如何形成复杂无比的结构；生命究竟是什么；大脑到底是什么；宇宙的起源和演化有没有内在的规律；等等。

作者随后给"复杂系统"下了一个定义："许许多多独立的因素在许许多多方面进行着相互作用。比如千百万个蛋白、脂肪和细胞核酸相互产生化学作用，从而组成了活细胞；又比如由几十亿万个相互关联的神经细胞组成的大脑，以及由成千上万个相互依存的个人组成的人类社会。"①

---

① 米歇尔·沃尔德罗普.复杂：诞生于秩序与混沌边缘的科学[M].陈玲，译.北京：生活·读书·新知三联书店，1997：3-4.

这个定义差强人意，并没有精确说明什么叫复杂性。桑塔菲研究所元老级人物、规模收益递增经济学（复杂经济学）的开拓者布莱恩·阿瑟教授在其著作《复杂经济学》一书里对"复杂系统"的定义是："复杂系统是由大量组分组成的网络，不存在中央控制，通过简单运作规则产生出复杂的集体行为和复杂的信息处理，并通过学习和进化产生适应性。"[①]

汪丁丁教授认为复杂性和人一样，是最难定义的两个观念，他建议以"涌现秩序"来定义复杂性，然而所谓"涌现秩序"同样是一个难以量度和模糊不清的定义。[②]

虽然不能精准定义复杂性，但是善于思考的人还是能够掌握复杂、复杂性或复杂系统这些概念的意义。简而言之，由多个元素或个体，依照一定的规则相互作用所构成的系统皆是复杂系统。这些元素可以是活的有机体，也可以是没有生命的无机体，它们都能够构成复杂系统。以普里戈金为代表的一些科学家正是从研究化学反应的新发现里，"涌现"出耗散结构的新概念和新理论。耗散结构也是复杂系统。片片雪花所构成的雪山会产生雪崩这样奇特的现象，晶体结构也"涌现"出惊人的秩序，湍流运动会形成美妙的曲线流型和具有特殊形状的旋涡，龙卷风和飓风也会形成奇特的形态，等等，数之不尽。

综观世界，复杂系统或复杂现象可谓触目皆是。比如，国际象棋、中国象棋和围棋之类的棋局，本质上也是一种复杂系统。围棋尤其令人惊奇。黑白二子依照最简单的几个规则相互作用或博弈，竟然能够产生千变万化、

---

① 布莱恩·阿瑟.复杂经济学：经济思想的新框架[M].贾拥民，译.杭州：浙江人民出版社，2018：7.

② 布莱恩·阿瑟.复杂经济学：经济思想的新框架[M].贾拥民，译.杭州：浙江人民出版社，2018：v.

事先根本无法预测的结果。数十万、数百万辆汽车依照交通规则行驶，会产生各种各样难以预测的交通状态。计算机科学家已经用实验证明，即使两个具有完备理性的博弈参与者相互观察对方策略，然后采取行动，也会出现各种意想不到的非均衡状态。

当然，最显而易见的复杂系统就是我们人类自身。无论是身体还是构成身体的各个子系统，特别是人的大脑，都是最复杂和最不可思议的复杂系统。人的无限创造性或无穷的想象力，本质上正是大脑或心智复杂系统所涌现出来的秩序。心智的创造就是创造秩序。大脑由大约80亿个神经元构成，神经元之间的相互作用能够形成近乎无限可能的秩序或形态，这大概就是人的无限创造性的生理或物质基础。

由无数个人相互交往构成的政治体系、经济体系、金融体系、社会系统，也是超乎想象的复杂系统。社会科学的全部努力正是为了理解这些复杂系统。我们每时每刻都生活在复杂系统之中。市场是我们最习以为常的复杂系统。市场上无数供求参与者相互买卖、博弈、竞争、学习、模仿、合作所产生或涌现出来的各种现象和秩序，就是经济学家研究的核心课题。

描述复杂系统有许多概念或词语：复杂、混沌、非线性、不确定性、不可逆、涌现、突变、自组织、自催化、耗散结构、进化或演化、共同进化、结构或模式等。

人类经济体系是天然的复杂系统。遗憾的是，绝大多数经济学者至今也没有从复杂系统的角度去研究经济体系。新古典经济学试图将人类经济体系描绘成为类似牛顿力学那样的机械体系。新古典经济学描述人类经济体系图景的关键词是线性、简单、均衡、静态、可预测。线性、均衡和静态必然意味着可预测。

线性体系当然是一个简单体系，能够用线性方程式或方程式组来描述。20世纪50—70年代曾经红极一时的线性规划分析、里昂惕夫的投入产出分析、克莱因·劳伦斯的全球宏观经济预测模型（由数百个方程式构成）等，是线性或简单经济体系模型的经典代表，也是人们用于预测经济趋势的主要工具。

其实经济学者早就知道应该将经济体系描述为一个动态体系，他们的办法是使用微分方程，引入时间变量。类似模型同样可以搞得非常复杂。许多高级微观经济学和宏观经济学课程主要就是求解和分析此类模型。此类经济学模型所描述的经济体系本质上仍然是一种线性、简单、迈向均衡的经济体系。经济学者至今依然试图用此类模型来预测经济趋势，结果经常让经济学者蒙羞。

如果我们放弃新古典经济学，转向基于人的无限创造性的新经济学，那么，我们观察和分析经济体系的思维方式和研究方法就要根本改变。从线性、简单、均衡、静态、可预测转向非线性、复杂、动态、不可预测，并不仅仅是用微分方程或差分方程来取代线性方程那么简单，而是我们必须深入研究人的无限创造性所具有的内在规律。经济体系的各种特征正是人的无限创造性内在规律的体现。

当然，思维范式的改变从来都是极其困难的。譬如，堪称现代经济学泰山北斗级人物的萨缪尔森就坚持认为非均衡状态在经济体系里是无足轻重的。1983年，萨缪尔森宣称："那么不稳定的非均衡状态，即使真的存在，也必定只是暂时的、非持久的状态……读者诸君，你们几时曾见过竖起来的鸡蛋呢？"[①]

① 布莱恩·阿瑟.复杂经济学：经济思想的新框架[M].贾拥民，译.杭州：浙江人民出版社，2018：34.

然而，即使是新古典经济学的大宗师级人物，也不得不承认非均衡和复杂性是经济体系的常态。譬如，与萨缪尔森齐名的新古典一般均衡模型的证明者肯尼斯·阿罗就说，经济系统的复杂性，一方面是由人们千差万别的预期所导致的，另一方面，收益递增规律也决定了经济的未来进化。[①]

另一位著名经济学者，或许是有史以来最杰出的女性经济学家琼·罗宾逊（Joan Robinson）早在 1973 年就说："一旦我们承认经济存在于时间之流中，承认历史是朝着一个方向发展的，即从不可逆转的过去向不可预知的未来发展，那么均衡理念也就站不住脚了。到那时，我们就要重新思考整个传统经济学了。"[②]

是的，经济学范式早就应该转换了。遗憾的是，迄今为止的经济学，依然是与现实基本脱节的一门假想的学问，或者如科斯所说，是黑板经济学。

从简单的机械世界观转向复杂的生物世界观：抛弃新古典经济学的全部假设

美国经济学者威廉·布罗克（William A. Brock）曾经写过一篇文章，题为《经济和金融的非线性和复杂动态机制》（Nonlinearity and Complex Dynamics in Economics and Finance），试图以数学模型的方法描述经济和金融体系的非线性、复杂和动态机制。

---

① 布莱恩·阿瑟.复杂经济学：经济思想的新框架 [M].贾拥民，译.杭州：浙江人民出版社，2018.

② 布莱恩·阿瑟.复杂经济学：经济思想的新框架 [M].贾拥民，译.杭州：浙江人民出版社，2018：61.

布罗克认为，为了引入非线性、复杂和动态机制，我们至少需要做出如下改变：

- 否决均衡和帕累托最优之间的关系。
- 引入经济决策者面向未来的决策行为。
- 放弃所谓效用和技术的凹形假设（所谓凹形的效用函数和生产函数）。
- 抛弃完全竞争市场假设。
- 抛弃一切市场参与者皆是受价者的假设。
- 引入偏好的复杂性和技术的复杂性，抛弃所谓的消费者偏好和生产者技术稳态假设。
- 抛弃经济体系迈向均衡的假设，采取生物学世界观，或者更多地采取奥地利经济学派或熊彼特经济学的动态演化理念。
- 引入市场参与者之间在消费偏好或技术选择上的相互影响，正如阿罗和哈恩曾经讨论过的技术和偏好的外部性。
- 引入外部力量函数，譬如人口的动态变化和技术的动态变化。[①]

布罗克提出的这九个"新假设"，否定了新古典经济学的全部假设，其实就是一种新的世界观，也就是一种基于生物学演化理念的新世界观。

凯文·凯利《失控》一书旨在以生物逻辑理解世间的一切，包括理解经济体系。《失控》开篇就以"生物逻辑的胜利"为标题写道："钟表般的精确逻辑，也即机械的逻辑，只能用来建造简单的装置。真正复杂的系统，

---

① Philip W. Anderson, Kenneth J. Arrow, David Pines. *The Economy as an Evolving Complex System.* The Perseus Books Group, 1988, p.77–97.

比如细胞、草原、经济体系或者大脑（不管是自然的还是人工的）都需要一种地道的非技术的逻辑。我们现在意识到，除了生物逻辑之外，没有任何一种逻辑能够让我们组装出一台能够思想的设备，甚至不可能组装出一套可运行的大型系统。"[①]

凝聚态物理学家、诺贝尔奖得主安德森在评论经济学者的工作时，曾经从一个物理学者的视野，非常直截了当地指出经济学者世界观的巨大局限性："实际上整体经济的周期性波动并非源自某种随机的、无法预测的外部冲击；相反，经济的周期性波动乃是人自身经济行为的必然结果，这种经济行为或许能够用决定性的、非线性的积分—微分方程来描述。"[②]

看似混沌的人类经济行为背后的动态机制究竟是什么？安德森说："人的行为趋向于对未来事物给予更大的贴现率[③]或足够大的贴现率，或者说，人的行为总是考虑到人生苦短。仅此一点，就足以为我们描述和解释动态经济行为提供前提条件。经济活动参与者愿意牺牲今天的利益，结果在未来受到的却是更大的损失（面向未来决策的不确定性和风险）。更简单地说，人的无知或目光短浅，人的愚蠢或行为失策，等等，均足以否定李雅普诺夫函数所说的全部效用能够加总的概念。李雅普诺夫函数在每一次交易中都是单调增加的（因为根据假设，每一个参与交易的人都感觉自己获得了利益）。如果有一个描述经济体系整体的函数，且该函数总是单调增加的，那么所有市场交易必定推动经济体系朝着全部效用总和达到最大值

①　凯文·凯利. 失控：全人类的最终命运和结局 [M]. 张行舟，陈新武，王钦，等，译. 北京：电子工业出版社，2016：4.

②　Philip W. Anderson, Kenneth J. Arrow, David Pines. *The Economy as an Evolving Complex System*. The Perseus Books Group, 1988, p.266.

③　贴现率即人们对未来怀有极大的不确定性，越是未来的事情，越是难以把握，这就是对所谓理性预期的否定。

的可能方向迈进，并最终达到那个不动点。实际上，仅仅考虑到人对未来预期或认知的不完全性就足以解释大多数动态经济行为。然而，诸如那些历史上最重要的政治经济制度革命——20世纪80年代全球性的制度变革、1815年拿破仑战争引发的制度变革等，却无法用这些想法来解释，更不用说来解释国家霸权的兴衰更替了。"[1]

我很喜欢安德森的上述评论。其一，他认为不用拐弯抹角地深入研究人的行为（预期的非理性、面向未来决策的失误、愚昧无知等），就能够解释大部分动态经济现象。我们需要从真实经济世界的动态演化里总结出一些经验规律。其二，新古典经济学无法解释人类政治经济制度的兴衰更替，而这正是最重要的人类现象。

物理学家对经济学的中肯批评足以刺激我们抛弃新古典经济学的全套假设，建立新的经济世界观。

引入复杂性、非线性和非均衡所获得的新发现

概而言之，抛弃新古典经济学的全套假设，完全从非线性、复杂性和非均衡的视角来考察和分析经济行为和经济体系，实际上也就是从演化、生命和创造的角度来考察和分析人类经济行为和经济体系。

这当然是一个根本性的范式转变。布莱恩·阿瑟在《复杂经济学》一书里引用经济思想史学者大卫·柯南德尔（David Colander）1996年讲述的一个寓言，形象生动地描述了经济学范式的转变：

---

[1] Philip W. Anderson, Kenneth J. Arrow, David Pines.*The Economy as an Evolving Complex System*. The Perseus Books Group, 1988, p.266.

> 一个世纪以前，经济学家站在两座高耸山峰之间的底部，而山峰则隐蔽在云层当中。他们想爬上高峰，但是不得不先决定要攀爬的是哪一座山峰。他们选择了有明确定义、遵循数学秩序的那座山峰。但是，当他们费尽千辛万苦登上了那座山峰，站到了云层上之后，才发现另外一座山峰要高得多。那就是过程和有机主义之峰。[1]

我们可以加上一句话，当经济学者费尽千辛万苦登上那一座山峰之后，才发现那原来是一座假想的山峰！真实的山峰是另外那座。

迄今为止，从线性、均衡、简单、静态转向非线性、非均衡、复杂性和动态演化，至少有如下一些新的发现。

其一，正如柯南德尔的寓言所说，当我们攀登另一座山峰之时，所欣赏和见识的风景自然与原来费力攀爬的那座山峰大为不同。在新经济学范式下，新古典经济学认为不正常和无效率的经济现象和行为，恰恰是最习以为常的现象。诸如垄断、赢者通吃、规模收益递增、技术指数式增长、锁定、路径依赖、泡沫、超调（overshooting）、崩盘、预期不稳定、内在不稳定性、犯错或非理性等，皆是新古典经济学认为不正常和无效率，谴责起来不遗余力的行为和现象。然而，这些现象正好是经济体系动态演化的常态。转向新经济学范式，则意味着我们所关注和研究的问题和重心完全不同了。

其二，研究方法不同。新古典经济学的主要研究方法是构建以均衡为中心的数学模型，以描述经济体系的运行状态，即迈向均衡的路径。新经济学范式的主要研究方法首先是仔细观察真实经济世界，获取真实经济世

---

① 布莱恩·阿瑟.复杂经济学：经济思想的新框架[M].贾拥民，译.杭州：浙江人民出版社，2018：26.

界那些显而易见或隐含的结构、模式、机制、经济个体之间的相互作用、突变、创造、创新或创造性毁灭等，注重对经济体系演化历史的研究。这与马克思和熊彼特所倡导的分析方法有异曲同工之妙。与此同时，新经济学范式也不排除利用数学模型（包括网络数学和计算机科学）来模拟真实经济世界。

其三，开始深入研究新古典经济学长期视为"黑箱"或"外部冲击"的现象。譬如，新古典经济学长期将技术视为外部变量，将企业组织视为黑箱或一个生产函数。新经济学范式则从演化的角度来理解技术的起源和发展；从自组织的角度来理解公司和其他经济组织的起源和演化；从网络式扩张的角度来理解经济增长的本质；从总体大于个体之和的角度来理解宏观经济现象。实际上，新古典经济学范式下的宏观经济学并不是真正的宏观经济学，它只是个体行为的简单加总。真正的宏观经济现象则是个体之间相互作用所创造或涌现出来的崭新现象，譬如经济腾飞、技术组合带来的指数式增长、中心城市增长极的形成、金融中心的形成、创新和产业的集群效应、金融危机、牛群效应、明斯基时刻、经济周期波动等。

其四，开始理解技术或经济的本质，即所谓技术和经济究竟是如何涌现出来的。

布莱恩·阿瑟的《复杂经济学》一书对理解技术的演化提出 6 个步骤：

- 步骤一：新技术出现。新技术是在某些现有的特定技术的基础上创造出来的，并且它会作为一个新元素，进入当前的技术集合中。
- 步骤二：新技术变得活跃起来，并替代现有技术及现有技术中的某些部分。
- 步骤三：新元素为支持性技术和组织安排，创造出进一步的"需求"

或提供进一步的机会利基。

- 步骤四：如果被替换的旧技术从技术集合中退出，那么它们的附属需求就会消失。它们提供的一系列机会利基，也会随着它们的退出而消失；反过来，那些用于填补这些机会之窗的元素，也会变得不再活跃。

- 步骤五：作为未来技术或未来元素的组件，新要素变得活跃起来。

- 步骤六：经济，即商品和服务的生产和消费模式，重新进行调整来适应上面这些步骤。成本和价格以及研发新技术的激励也会相应地有所改变。①

布莱恩·阿瑟对技术演化6个步骤的描述很有趣，不过一般读者肯定会觉得模糊不清，甚至不知所云。如果稍微深入研究信息科技时代最关键的技术——芯片技术的演化历史，我们就可以清晰地看到一项开创性技术改造或创造新经济生态体系的关键步骤。

- 步骤一：科学家发现新的自然规律——普朗克1900年提出量子假设、爱因斯坦1905年提出光量子假说、尼尔斯·玻尔1913年提出原子结构的玻尔模型。紧接着，海森堡、薛定谔、狄拉克等天才给出了量子力学精确的数学模型。人类对微观物理世界的认识进入完全崭新的境界。

- 步骤二：量子力学的伟大发现开启了一门新的学科——固体物理学，该学科致力于研究固体的物理性质和微观结构。20世纪30年代，固

---

① 布莱恩·阿瑟.复杂经济学：经济思想的新框架[M].贾拥民，译.杭州：浙江人民出版社，2018：55-56.

体物理学开始成为新的重要研究领域。

- 步骤三：20 世纪 40 年代，美国贝尔实验室的肖克利、布拉顿和巴丁开始运用固体物理学原理寻找真空管的替代产品。经过多年精诚合作和艰苦努力，1947 年 12 月 23 日，20 世纪人类最伟大的发明之一——晶体管宣告诞生。

- 步骤四：具有敏锐商业头脑的企业家开始将发明专利转化为实用产品。先后有肖克利自己创办的半导体实验室、仙童半导体公司、国民半导体公司、德州仪器公司等，1968 年，英特尔公司成立。这些前赴后继成立的公司推动晶体管技术不断完善，也将人类推进到了微处理器时代和信息科技时代。

- 步骤五：晶体管的运用范围和产量呈几何级数的爆发性增长，从最初的计算器、计算机，到国防工业，再到数之不尽的民用产品，芯片成为现代社会不可缺少的关键部件，从根本上重塑了人类经济和人类社会。需求量的指数式增长刺激英特尔的科学家和工程师以"偏执狂"的精神顽强拼搏，推动芯片和整个信息科技产业沿着摩尔定律预测的方向持续前进。

- 步骤六：新技术的潜力被挖掘殆尽，摩尔定律开始趋近极限，人们开始寻找新的替代品。人们已经多次警告摩尔定律逼近极限。华为公司创始人任正非坦言："随着逐步逼近香农定理、摩尔定律的极限，面对大流量、低延时的理论还未创造出来，华为已感到前途茫茫，找不到方向。"[①]

- 步骤七：基础科学理论获得重大突破，开启了下一个技术变革的周期。

---

① 摘自任正非在 2016 年全国科技创新大会上的讲话。

互联网、人工智能、机器人、生物科技等划时代的开创性技术，其演化历史大体都可以归纳为上述七个步骤。

其五，新经济学范式最重要的发现是经济体系的涌现秩序或自组织。涌现秩序就是哈耶克所说的"自发秩序"。从涌现秩序的角度来考察经济体系，迫使我们必须深入研究个体创造性及其相互作用的机制。这种涌现秩序能够启发我们去思考许多重大而有趣的问题，譬如，是什么机制造就了市场竞争的成功者？什么是经济体系里最重要的信息？为什么经济政策的效果往往达不到预期，甚至适得其反？政府究竟应该如何调控和监管经济和金融？

从涌现秩序的视角考察经济增长，得出的结论与新古典经济学的许多结论迥然不同。新古典增长理论的一些重要结论，如比较优势理论、后发优势理论、增长的均衡路径或黄金法则等，从涌现秩序的新视角来看，大体都是不成立或不相关的。用比较优势理论或所谓后发优势理论无法解释世界上很多资源匮乏的国家为什么能够实现持续的经济增长（如欧洲大陆各国、日本和以色列）。正如杨小凯多年前所指出的那样，所谓后发优势往往是后发劣势，它将国家或地区锁定在低技术水平或中等收入陷阱里。涌现秩序理论迫使我们更深入地思考经济体系动态演化的内在基因，这种基因主要是一种制度和文化基因。

其六，新经济学范式另外一个重要发现就是经济体系动态演化所形成的内在结构或演化结构。新古典经济学所讨论的市场结构主要集中于所谓竞争和垄断的划分，这实际上并不是经济体系真正内在的结构。新古典经济学还有一个基本的结论，那就是市场是平的，价格是平的，即各个市场之间、各个价格之间没有层次或权力结构。实际上，经济体系和市场具有内在的逻辑结构或分层结构。市场不是平的，价格也不是平的。拙作《新资本论》曾经从全球货币和金融市场的角度深入讨论了市场和价格的权力结构。

假若从生命体系的角度来考察经济体系，我们立刻就会知道，正如人体具有内在逻辑结构一样，经济体系也具有内在的逻辑结构。这种逻辑结构并非新古典经济学所讨论的投资—消费—储蓄结构，或第一产业、第二产业、第三产业结构，也不是 GDP 的构成。从生命体系角度看经济体系，核心的结构是演化动力结构，即什么是经济体系动态演化的核心驱动力。我们将在下文讨论经济演化论时再来深入讨论此问题。

偶然性、路径依赖和锁定：是什么机制选择或造就了成功者？

从复杂性角度考察经济体系的动态演化，有一个有趣而重要的问题：什么机制选择或造就了经济竞争的成功者？

譬如，微软为何在众多软件供应商里脱颖而出，主导市场长达数十年？阿里巴巴为何在众多电商里脱颖而出，成为全球最大电商之一，并且很快构建了一个庞大的电商生态体系？腾讯为何在众多的社交媒体里脱颖而出，并迅速成为中国最大的社交平台？亚马逊为什么能够迅速从一个网上书店摇身一变成为全球最令人生畏的前沿科技竞争者（云计算、人工智能、软件等无所不包，亚马逊甚至成为全球电信设备制造商的强大竞争对手）？谷歌为什么能够从一个搜索引擎的发明者迅猛崛起为全球最强大的科技帝国？英特尔为什么历经半个世纪长盛不衰，始终执全球芯片产业之牛耳？丰田汽车为什么能够傲视群雄，成为全球最优秀的制造企业？

与此相反，为什么许多曾经辉煌的企业会在一夜之间轰然倒下？为什么 2008 年短短数天之内，曾经不可一世的金融巨头雷曼兄弟、AIG（美国国际集团）、美林证券相继退出历史舞台？为什么曾经被誉为美国乃至全球最优秀企业的柯达公司会黯然落幕？为什么曾经引领世界信息时代的伟大企业，如 IBM、惠普、AT&T（美国电话电报公司）、朗讯、阿尔卡特、北电网络等，会在短短数年之内跌落神坛？为什么每时每刻都有成千上万家企业倒闭破产？

经济体系内生的新陈代谢机制究竟是怎样的？假若经济学者真的希望理解所谓经济现象，就必须努力破解上述成功者之谜或失败者之谜。绝大多数经济学者依然沉迷于一般均衡模型所虚构的乌托邦里，认为上述问题应该留给管理学者去回答。这是一种自我放弃和不负责任的态度。因为新古典经济学一般均衡模型所描述的那种虚幻世界并不是真实的经济世界，那是一种数学智力游戏或凭空想象的世界。

首先，创造性毁灭是人类经济体系动态演化的常态，没有任何一家企业、产品、服务能够基业长青。世界上那几个所谓"化石级"的基业长青的企业，大体只是保留其古老的名称而已，经营的内容早已改变。全球超过百年历史的企业屈指可数，中国中小规模企业平均寿命不到 3 年，德国和日本企业平均寿命也不过 20~30 年。"企业寿命之谜"依然是值得研究的重要课题。

比尔·盖茨说：微软离破产永远只有 18 个月。任正非说：下一个倒下的肯定是华为，只是不知道什么时候倒下。就像任何生命体一样，企业永远生活在生与死的临界点上。是生存还是灭亡，永远只是一瞬间、一口气的事情，也是一念之差的事情。因此，我们必须承认失败和成功并没有数学和逻辑的必然性，只有历史和辩证的必然性。也就是说，成功和失败充满着历史的偶然性。

偶然性是决定或选择成功者或失败者的外部客观因素，因为没有任何人能够预知或掌控历史的偶然性。如果能够预知或掌控，那就不是偶然性了。经济学、管理学和一切社会科学都不能回避偶然性，应该将偶然性纳入我们对世界的认知图景。偶然性也就是我们通常所说的"命"或运势。中国古圣先哲也是认命的，因为那是一种不以人的意志为转移的客观事实。

新古典经济学的分析架构里没有偶然性，因为一切经济行为最终必定迈向均衡、信息完备和理性完全。没有不确定性，自然也就没有偶然性。股神巴菲特的黄金搭档、投资大师查理·芒格曾经批评学院派经济学有一种"物理学崇拜综合征"，也就是盲目追求像物理学那样的确定性。其实量子力学之后的物理学已经明确考虑了偶然性和概率分布，新古典经济学却依然执着于构造貌似精确的数学模型。因此，新古典经济学解释不了是什么机制选择了成功者或失败者。

根据新古典经济学一般均衡模型，经济体系的最佳状态是完全竞争均衡。所谓完全竞争均衡，就是所有市场参与者都成为同质的、无差别的个体；所有生产要素皆获得同样的回报：土地获得相同的租金，资本获得相同的利息，劳动获得相同的工资；没有任何利润：对于新古典经济学而言，利润是不会存在的，是一个不需要或不可理喻的概念，所有生产要素皆各得其所，怎么会有利润呢？所以奈特需要引入风险和不确定性的划分，以说明利润的起源；张五常教授不用利润或盈利的概念，他喜欢用的是租值理念，他说经济学里的"盈利是无主孤魂"[1]！

一般均衡数学模型的分析逻辑井然有序，无可挑剔。结论是没有成功者或失败者之分，只有均衡或非均衡之分。是的，在一个信息完备、理性完全的乌托邦世界里，哪里会有成功者或失败者之分呢？上帝端坐天堂，

---

① 张五常.经济解释（二〇一四合订本）：收入与成本[M].北京：中信出版社，2014：354.

人间平安无事，人人皆是同样幸福的成功者！这个世界与人间无关。

跳出新古典经济学的乌托邦幻境，引入偶然性、不确定性、规模收益递增、路径依赖、锁定、赢者通吃等真实世界的真实现象，我们才有望洞悉自然力量挑选成功者或失败者的"秘密"。

布莱恩·阿瑟的文章《经济学中的自增强机制》（Self-Reinforcing Mechanisms in Economics）比较系统地阐述了"规模收益递增＋路径依赖＋偶然性"的自我强化机制。他分析了这种机制的一些标志性特征。①

其一，经济体系的演化往往有多条路径（譬如技术路径的选择，历史上著名的微软 DOS 系统和其他系统之间的竞争，索尼公司著名的 Betamax 录像系统和 VHS 录像系统之间的竞争，等等），最终哪条路径取胜或获得垄断优势，事先是完全不确定的，也是不可预测的。

其二，那些技术上更好或更有效率的方案（根据某些标准）并不一定是最终获胜的方案，获胜者可能是次优或低效率方案，最优或高效率的方案可能因为"运气差"被淘汰出局。譬如，索尼公司的 Betamax 系统被认为技术上优于 VHS，却最终被市场淘汰；很多人认为微软操作系统并非当时技术上最好的电脑操作系统，却最终垄断市场。类似案例不胜枚举。

其三，一旦某个方案或公司被市场选中或者某些难以预料的偶然性让这个方案或公司"撞大运"被市场锁定，那么著名的马太效应或规模收益递增就将发挥巨大威力，迅速建立起强大的进入壁垒，让竞争对手望而却步，最终形成对市场的垄断。比如，VHS 的垄断，微软操作系统的垄断，谷歌和百度对全球和中国搜索市场的垄断，脸书和腾讯对全球和中国社交媒体市场的垄断，亚马逊和阿里巴巴对全球和中国电商市场的垄断，英特

① Philip W. Anderson, Kenneth J. Arrow, David Pines. *The Economy as an Evolving Complex System.* The Perseus Books Group, 1988, p.9–31.

尔和高通对高端芯片市场的垄断，等等。实际上，规模收益递增和偶然性决定了经济和技术的内在结构。

其四，偶然性事件决定了路径依赖，路径依赖决定了规模收益递增。某些不可预知的偶然性事件决定了某个公司、某个技术方案、某个产品或服务在众多竞争对手里突显出一点优势。规模收益递增或马太效应迅速锁定这个优势，领先者则充分利用这个优势来强化市场领先地位，从而形成自我强化机制，最终实现赢者通吃。互联网行业是自我强化机制最典型的领域。某项服务（如微信、淘宝、脸书、谷歌搜索等）一旦突破某个临界用户数，用户就会出现指数级爆发性增长，用户黏度大幅提升，形成一种病毒式传染效果。起初的一点微弱优势在短短数月或数年内会迅猛自我强化，形成赢者通吃的格局。这就是经济动态演化的正反馈机制。

这种偶然性、规模收益递增、锁定或赢者通吃的效应也会反方向发生。一旦市场客户对某家公司、某项技术、某个产品和服务失去信任，这种不信任就会像病毒一样凶猛传播，形成势不可当的负反馈机制。大型商业银行遭遇挤兑、股市崩盘、汇率崩盘、大型企业快速倒闭，乃至国家政权垮台，都会出现这种势不可当的负反馈机制。

上述机制的核心是规模收益递增。规模收益递增的本质是人的无限创造性，即人沿着某个特定方向持续不断地努力，会持续地降低技术、产品和服务的成本，并遵循一条持续向下的成本曲线。后继者如果试图模仿先行者的路径，则面临不可逾越的先行者优势壁垒，因为规模收益递增的背后机理是先行者持续不断的学习、经验或诀窍（know-how）的积累，以及相关领域的专利权保护。从这个意义上说，技术追赶没有"弯道超车"，只有"变道超车"，也就是采取不同的技术方案来替代先行者的方案，从而抢占先行者的市场份额。

日本、德国、瑞士的高精尖制造；英特尔和高通的芯片技术；微软、苹果和谷歌的操作系统；GE（通用电气公司）和罗罗公司（Rolls-Royce）的飞机发动机制造技术；罗氏、辉瑞等制药巨头；谷歌的搜索引擎和相关技术；等等，就是正反馈机制或规模收益递增形成了强大坚固的技术壁垒，让竞争对手望而生畏。领先者持续领先，只有出现新的替代技术和产品，才有望打破它们的赢者通吃或垄断者地位。这正是中国迈向世界科技强国必须要跨越的巍巍高山。

复杂性和多样性：多就是不同

新儒学大宗师熊十力先生有云："科学精于析物，毕竟不可以知天。"[①]此语内涵极为丰富。科学家直到 20 世纪 70 年代才开始真正重视如何"知天"。

所谓知天，就是理解宇宙自然和人类社会是如何产生的，尤其是生命是如何产生的。知天的本质，就是要深刻洞悉生命内在的复杂性和无限可能性。

凝聚态物理学家、1977 年诺贝尔奖得主菲利普·W. 安德森 1972 年发表著名文章《多就是不同》（More is Different），强烈批评物理学家数百年坚持向下分解，即从物质分析到分子，从分子分析到原子，从原子分析到电子、中子、质子，一直分析到夸克和所谓弦，结果导致所谓的"简化论"或"约化论"的思维方式。

安德森说："具有将所有东西都简化到最简单的基本规律的能力，并不

---

① 熊十力. 十力语要初续 [M]. 上海：上海书店出版社，2007：88.

意味着具有能从这些最简单的基本规律着手重构宇宙的能力。事实上，基本粒子物理学家越多地告诉我们基本法则的实质，这些法则对于其他科学的真正问题就越不相干，离社会现实也就更为遥远。"[1]

物理学家将物质分解为分子，将分子分解为原子，将原子分解为中子、质子、电子，直至分解为夸克和弦，寻求基本粒子的运行规律，是牛顿开创现代物理学300多年来，人类科学所取得的最伟大和最辉煌的成就。然而，物极必反。尽管许多科学家依然醉心于物质的向下分解（譬如，依然有许多物理学家主张建造更大能量的超级加速器和对撞机，以进一步分解基本粒子），但是，越来越多的科学家开始认识到，相反的问题更加重要。为什么同样的基本粒子会构成完全不同的物质？为什么同样一堆基本粒子，单单这一堆基本粒子能够形成生命体，乃至形成像人类这样的高级智慧生命，而另一堆基本粒子却形成了石头或土壤那样的无机物？大千世界无限多样、绚丽灿烂的鸟兽虫鱼和花草树木是如何形成的？简言之，生命如何演化？生命之谜到底是什么？

经济学面临同样的问题。经济学者一直致力于分析个体的经济动机和经济行为，而且相信个体行为的简单相加就是总体或宏观经济行为。

经济学受物理学简化论思维的影响至深至远。因为斯密和苏格兰启蒙运动思想家心目中的偶像就是牛顿。然而，人们最关心、最感兴趣，也是人类经济行为和经济体系中最重要的现象，却是那些超越个体行为的现象。诸如经济腾飞、经济增长、经济萧条、金融危机、股市崩盘、银行挤兑、通货膨胀、资产泡沫、工业革命、科技进步、公司的兴旺发达和破产倒闭等，所有这些人类经济体系最重要的现象，皆无法用简单的个体行为加总

---

[1]　Stuart A. Kauffman, *Reinventing the Sacred: A New View of Science, Reason, and Religion*, published by Basic Books, 2008, p.24.

来解释。事实上，这些现象与个体的经济行为或经济决策有着本质的区别。

无论是个体的供求行为还是所谓的效用最大化，皆不能告诉我们为什么会出现这些奇特的现象。就好像水分子的原子构成及其运动无法帮助我们理解水的相变：为什么水温升到 100 摄氏度时，液体水会突然相变为气体？为什么水温下降到 0 摄氏度时，液体会突然相变为结晶体？片片的雪花累积起来为什么会形成雪崩那样突如其来的奇特现象？个体简单的需求和供给行为为什么会造成持续的经济腾飞和增长？每个投资者依照自己所掌握的信息买卖股票，为什么会造成股票价格的大起大落甚至崩盘？看似相互独立的科学家和发明家的工作，为什么能够汇聚成为科技进步和产业革命的汹涌大潮？

我们并不是说上述现象违背或不遵守所谓的供求规律或需求定律，也没有否定人类的经济行为可能会遵守某种边际效用递减和规模收益递减规律。然而，无论是效用最大化、需求定律、边际效用递减、规模收益递减，皆无法给上述现象以令人信服的解释。个体行为及其效果的加总并不能导致那种宏观的现象和结果。经济体系到处呈现出各种突变或令人惊奇的现象。

譬如，20 世纪 90 年代后期，众多年轻企业家创建公司以争夺互联网门户的商机，只过了不到 5 年时间，互联网门户就被三五家公司垄断，世界各国皆如此。世纪之交时，搜索引擎、电子商务、社交媒体刚刚从地平线露出曙光，各国都有数十家乃至数百家公司群雄逐鹿，也是不到 5 年的时间，无论是搜索引擎、电子商务还是社交媒体，都形成了寡头垄断甚至独占的产业格局。百度基本独占中国搜索引擎引擎市场，谷歌则垄断了英语世界和许多非英语国家的搜索市场。亚马逊成为美国乃至全球电子商务的寡占巨头，阿里巴巴则形成一个庞大的商业生态体系或商业帝国，前 5

家电子商务公司基本上垄断了全球的电子商务市场。美国社交媒体只剩下脸书、领英等少数几家企业，腾讯则成为中国社交媒体无可争议的垄断者。阿里巴巴和腾讯的移动支付平台基本上瓜分了全中国的移动支付市场，而且将势力范围迅速扩张到海外。共享经济则以更快的速度形成垄断或寡占格局：不到两年时间，滴滴出行独霸整个网约车市场，摩拜单车等三四家公司则瓜分了全部共享单车市场。即使是全球竞争最激烈的智能手机，前5名生产商也占据了超过90%的市场份额。

所有这些都是经济体系里突然涌现的奇特现象。是寡占者或垄断者具有超越其竞争对手的高超管理能力和技术优势，还是经济体系确实有某种我们至今还知之甚少的内在机制决定了经济体系必然涌现这种奇特的经济形态或现象？是垄断者或寡占者具有某种令人羡慕或嫉妒的好运气，还是市场天然具有某种机制来选择胜利者，那些成功垄断或寡占市场的公司不过是被那种神秘的机制"意外"或"幸运"地选中而已？宏伟的愿景和理想、日夜不停地工作、优秀的团队和管理、先进的技术和产品开发能力，是否足以保证创业者必定成功？为什么那么多优秀的创业者拼命地工作，最终却以惨败收场？所谓运气或命运是否就是生命体系或社会经济体系的某种内在机制，它决定了只有极少数人能够"幸运"地脱颖而出，赢得胜利者的荣耀和财富？回答这些问题远比讨论创业者个体的供求关系、效用最大化、利润最大化重要得多，也有趣得多。事实上，所谓供求关系、成本收益、效用或利润最大化根本就不能针对上述问题给出令人信服的答案。

我们需要重新提出经济体系的基本问题：为什么一个充分竞争的市场（初期的互联网创业浪潮应该是充分竞争市场的典型代表），却很快形成了特殊的形态或格局（垄断或寡占的格局）？千百万人乃至全球数十亿人的相互竞争、合作或互动如何形成了各种奇特的经济形态——有的繁荣，有的衰退，有的停滞？即使是被主流经济学家假设为威力无穷的外部力量——政府的财政赤字政策和货币扩张政策，似乎也仅仅是参与经济体系互动的一分子，其本身并不具有任何特殊的力量和地位。很多时候，货币政策和财政政策一败涂地，根本达不到预期的效果。货币政策和财政政策的运行机制或传导机制难道只是经济学者通常所谈论的财政和货币机制，诸如财政赤字的挤出效应和乘数效应、货币政策的利率和信贷传导机制？是否还有更复杂或更隐秘的机制影响财政政策和货币政策的传导或效果？

假若我们抛弃主流经济学将经济体系视作一个机械体系的基本理念，而将经济体系看作一个动态演化的生命体系，那么，或许我们能够更深入地理解经济体系的运行机制，能够更好地回答上述那些有趣又令人困惑的问题。

复杂性、独特性和创造性

从复杂性和创造性角度考察人类经济增长和发展，首先注意到的基本事实是日常生活所用产品和服务日益丰富的多样性。衣食住行皆如此。

衣者，经济欠发达地区，人们常年仅有一衣，乃至衣不蔽体；经济发达之邦，人们衣着千奇百怪、绚丽多姿，非言语可以形容。爱美之人每日都会更换多套衣服，各种社交场合皆有各种特质华服霓裳来搭配。

食者，经济欠发达地区，不仅食物单一，没有多少选择余地，且常常处于食不果腹的惨状。我年幼之时（20 世纪 60—70 年代的中国）就有不堪回首的痛苦饥饿经历。诺贝尔文学奖得主莫言先生谈到自己青少年时的记忆，最深刻的感受就是"饿"。经济发达地区，普通人的饮食已经达到食不厌精、脍不厌细的程度，一日三餐乃至一日多餐，味道各有不同。食者不仅为了果腹，更多的是讲究营养。正如衣者非为遮身蔽体，实为满足美与品位的追求。

住者，经济欠发达地区，茅屋草盖，支离破碎，常有"茅屋为秋风所破"之担忧，根本谈不上现代化的抽水供水设施。经济发达地区，普通人也能安居舒适，夏有空调，冬有暖气，有些更上升到讲究居住空间的艺术境界或艺术品位的高度。经济发达地区，有住高楼者，有住别墅者，有自买自住者，有租房居住者，皆能根据自身经济和工作情形进行选择。

行者，经济欠发达地区，人们出行大体依靠步行或少量公交；经济发达地区，出行选择多种多样。从自行车、私家车、公交车、地铁、轻轨直到高铁、飞机、轮船，应有尽有，且价格不断降低，舒适度也不断提高。

衣食住行之外，其他消费的多样性更是数之不尽。以通信为例，经济欠发达时代，通邮尚且困难；经济发达时代，从固定电话、移动电话、电子邮件、邮政快递，到短信、微信、社交媒体，整个地球已经成为一个小小的地球村。任何角落发生的事情，立刻会以光速传遍整个地球。我们还可以举文化娱乐、医疗服务、教育设施等方面的案例。产品和服务的多样性，正是经济发达地区和欠发达地区的本质区别之一。

从复杂性和创造性角度考察经济增长，首先是最终消费品和服务的多样性不断延伸、不断丰富；其次是每一种产品、每一种生产要素、每一种物质的用途皆有无限多样的可能性，它们的用途不断被延伸、被拓展、被开发出来；最后是产品、服务、技术之间的结合或组合方式不断被创新，从而产生出全新的商业模式、产业业态，由此又创造出无限多样的产品、服务和技术，同时会刺激生产组织和生产方式的多样性和革命性变迁。

从电子商务、社交媒体、共享单车、共享汽车、共享酒店等，到共享一切的共享经济，本质上就是多种技术、产品、服务的创新组合形态。互联网和智能手机的发明创造出无限的商机，"智能手机＋互联网＋传统产品＋服务"就等于全新的商业模式。"人工智能＋云计算＋大数据"正在创造全新的企业形态和商业模式。"智能手机＋互联网＋大数据＋区块链"将彻底改变人类金融服务模式。"智能手机＋互联网＋大数据"已经和必将继续改变人类的社交方式，并且极大地改变人类交友、恋爱、结婚、商务和工作的模式及其观念。"人工智能＋机器人＋互联网"将从根本上重塑人类经济的许多产业生态、生活方式（譬如养老、医疗、教育），以及我们从事科学研究和创造知识的方式。

这种超乎想象的无限前景是任何人、任何数学模型都无法准确预测的。创新或创造的一个最基本方式就是将不同的思想、不同的模式、不同的产品、不同的服务、不同的技术、不同的组织、不同的人等进行重新组合，从而导致完全预料之外的效果。这就是创新的本质，也就是经济增长的本质，它是经济体系演化过程从本质上无法预测的基本原因。因为面对技术、产品、服务无限可能性的组合方式，我们既无法知道变量也无法知道方程式，即使是所谓动态经济学也根本无法解决这个预测难题。因为人类永恒的创造性和无限可能性并非动态那么简单。

正如物理学家安德森的名言所说："多就是不同。"复杂性必然意味着多样性，多样性必然意味着复杂性，多样性和复杂性就意味着无限可能性和无限创造性。计算机科学家的模拟结果表明，增加网络节点之间的连接方式，网络运行就会出现令人吃惊的新形态和新模式。一个鼓励自由交流和跨界融合的公司、大学、社区、城市和国家，必然充满创新活力。研究美国贝尔实验室的学者都认为，当年贝尔实验室位于新泽西的办公大楼具有特殊结构，不同研究部门的人能够很方便地碰面或交流，从而形成一种多元文化相互激荡的氛围。苹果公司新总部大楼的创意——一座巨大的飞碟式建筑，就是来自乔布斯本人的构想。他希望苹果公司的所有人都尽可能实现相互之间的自由交流。

以研究创新闻名于世的美国哈佛商学院教授克里斯坦森与同事合作出版了著作《创新者的基因：掌握五种发现技能》，他们研究了美国和全球数百位顶级创新者的特质，发现颠覆性创新者有 5 个共同的技能：

- 连接或跨界思维方式（associating or associational thinking）。
- 善于从新的角度提出和回答问题（questioning）。
- 敏锐和细致的观察能力（observing）。
- 善于与不同领域里的人进行沟通以发现新的思想和机会（networking）。
- 大胆地实验或尝试新的事物，将新想法付诸实施（experimenting）。 [1]

第一个技能充分说明，多样性和独特性的交相辉映和跨界融合是创造性和创新的首要来源和诀窍。《创新者的基因》写道：

> 创新者第一个也是最重要的一个能力就是他们拥有一种认知能力，我们将这种认知能力称为连接或跨界思维方式，或者简单地称为连接或跨界。当我们的大脑试图将很多新的要素综合起来、试图寻找那些新要素所具有的意义时，就是连接思维方式在起作用。创新者运用连接或跨界思维方式，从那些乍看起来毫无关联的疑问、难题和新想法中找到内在的关联性。创新的突破经常就发生在不同学科和不同领域的交叉融合之时。作家法兰斯·约翰森（Frans Johansson）给这种

---

[1] Jeff Dyer, Hal Gregersen, Clayton M. Christensen, *The Innovator's DNA*. Harvard Business Review Press, 2011, Part One.

现象取了一个名字：美第奇效应（Medici effect）。这个名称源自文艺复兴时期，佛罗伦萨的美第奇家族将广泛领域的众多天才创造者聚集到一起，从而引发了创造性活动的爆发性增长。美第奇家族聚合的天才人物包括雕塑家、科学家、诗人、哲学家、画家和建筑师等。当这些不同领域的天才人物相互交流，思想相互连接和激荡之时，新的思想就在不同领域的交相辉映中应运而生，由此开启了伟大的文艺复兴时代——人类历史上最富有创新或最具创造性的时代。简言之，创新的思想者就是善于将常人以为毫无关联的领域、问题和想法融会贯通，发现它们之间内在的关联性。[①]

颠覆性创新者的第四个技能，就是善于与不同领域里的人进行沟通，以发现新的思想和机会。这一能力同样说明多样性和独特性的相互跨界和融合就意味着不同或创新。

科学家已经总结出多样性、复杂性和创造性之间的一些基本规律。

第一个规律：变自生变。变化和创新是永无止境的，它们必然带来更多的新变化。腾讯公司的微信可能是最著名的例子。微信最初引发的变化只是人与人之间的连接，但它很快就延伸到金融支付、自媒体、共享汽车和共享单车，以及我们日常生活的所有方面，而其中的每一项服务又延伸出新的服务。微信的强大正是来自它"变自生变"的无限可能性。

第二个规律：丰富创造更丰富，贫乏导致更贫乏，这就是复杂性和多样性所必然具有的正反馈和负反馈机制。人类思想和技术的发展最能够彰显这个基本规律。当人们开始限制或遏制思想交流时，最初可能只想遏制

---

① Jeff Dyer, Hal Gregersen, Clayton M. Christensen, *The Innovator's DNA*. Harvard Business Review Press, 2011, Part One. 45–46.

某一个方面的内容，然而，人们很快就发现，一旦思想的某一个方面或层面变得贫乏（譬如哲学思想），它就很快导致艺术、文学、科学、技术、经济乃至所有思想的贫乏，最终导致一切思想创新的完全丧失。相反，如果鼓励思想自由地创新，某个领域思想的日益丰富必然激荡其他领域的思想创新。正如牛顿科学思想引爆了苏格兰启蒙运动的社会、伦理、法律和经济思想的伟大创新，经济思想的伟大创新反过来又刺激出像边沁的法律思想创新和达尔文的进化论。

库兹韦尔著名的"奇点"预测正是基于人类多样性技术之间的广泛融合，必定带来超乎想象的新技术革命。人工智能本质上就是人类以往一切技术的大融合，这种大融合必然将人类技术的演化提升到新的轨道之上，也就是人造技术的"智能"真的全面超越人自身"智能"的时代。这听起来不可思议，但越来越多的科学家和企业家相信这一天终将到来。

第三个规律：多样性、复杂性必然意味着共生共长，合作的重要性远远大于竞争。

新古典经济学的主题是人与人之间、企业与企业之间、国家与国家之间的竞争。经济学家谈论完全竞争、不完全竞争、垄断竞争、寡占、垄断等，也谈论各种竞争策略、博弈战略、反垄断政策等。竞争固然是经济体系或人类社会里最常见的现象，然而经济学者对竞争和垄断的研究却是过度专注了，反而忽视了人与人之间、企业和企业之间、国与国之间的相互依赖和合作。相互依赖和合作更能够刻画一个复杂性和创造性经济体系的本质，竞争或相互遏制则是第二位的。

以研究竞争战略驰名世界的哈佛商学院教授迈克尔·波特说，竞争就是创造不同。易言之，竞争的本质不是创造同质化的产品和服务，更不是中国商业界最热衷的价格血拼，而是创造多样性和独特性，是创造不同，也就是乔布斯所说的"非同凡想"。

华为公司创始人任正非特别强调合作的重要性，他创造了一个新词："友商"。任正非说："我们不要有狭隘的观点，想着去消灭谁。我们和强者要有竞争也要有合作，只要有益于我们就行了。我们要开放、合作，实现共赢，不要一将功成万骨枯。"①

---

① 摘自任正非在华为公司内部的讲话。

第七章
自组织和经济体系的活力结构

自组织创造经济奇迹

1987年，43岁的任正非东借西凑2万多元创办华为公司，最初员工就是他自己。30年后，这一个人的公司"自我进化"成为员工超过18万，业务遍及世界170多个国家和地区的超级跨国企业。华为最早的业务是从中国香港进口交换机，然后转售国内市场；30年后，它竟然成为全球5G网络和微波通信无可争议的领导者。

1995年，31岁的贝佐斯辞去华尔街投资银行的高薪职位，梦想建立一家网上书店，后来这家网上书店取名叫亚马逊。20年后，这一个人的梦想"蜕变和自组织"成为全世界最大的电子商务巨头，成为世界上最具竞争力的云计算、人工智能和软件企业之一，成为全世界市值最大的公司，甚至成为全球所有电信设备供应商的最强大竞争对手。简言之，亚马逊成为世界上最具创新力的企业组织。

1998年，34岁的马云向他的几个合伙人宣告，他要做世界上最大的互联网公司。当时，估计连他也难以相信自己的豪言壮语会成为现实。10多年后，阿里巴巴果然"进化"为世界上最大的互联网电商平台之一，而且成为一个业务网络遍及世界各地、交易品种横跨所有行业、支付和物流体系之复杂超乎想象的庞大生态体系。

1998年，两位年轻的斯坦福大学研究生拉里·佩奇和谢尔盖·布林由于出售他们发明的搜索引擎专利不果，遂决定自己创业，利用从父母那里借来的20万美元创立一家后来取名为谷歌的公司。10多年后，谷歌不仅演变为全球最大的搜索引擎，而且迅猛崛起为全球令人望而生畏的超级科技帝国，一个致力于改变整个世界和全人类未来生活图景的科技帝国。

以上四个故事是现代信息科技时代无数令人叹为观止、瞠目结舌的创业和创新传奇故事的典型代表。人类历史上类似的传奇故事更是数之不尽。正是这些伟大的企业和创造它们的企业家构成了我们所说的"经济"，正是它们所创造的无数产品、服务，它们所衍生和投资的无数企业，构成了我们所说的经济体系或经济结构。

一系列有趣而重要的问题由此诞生：为什么一个人的梦想会将成千上万人组织起来，成长为超级跨国企业？超级企业里那数万、数十万乃至数百万人是如何"自组织"起来成为一个个富有创新活力的伟大企业？什么是企业自组织过程的动力之源和动力机制？

企业是经济生态体系里最重要和最典型的自组织，生生不息，源源不断，充满活力。每时每刻，全世界都有成千上万家企业诞生，同时又有成千上万家企业消亡。这与人类生态体系里的生与死何其相似！

这种自组织过程赖以生生不息的动力机制，就是那个人或那个企业的梦想、愿景、思想、理念、情怀，以及持续改变和完善的内部激励机制。华为公司将全球近20万人组织起来成为一个高效运行，不断创造新科技、新产品、新服务，富有生机活力的复杂组织体系，核心动力就是那三句话："以客户为中心""以奋斗者为本""长期坚持艰苦奋斗"。这三句话是任正非首创的员工普遍持股制度和始终坚持自我批判和自我淘汰的"熵减"管理哲学。

生命和人类社会的自组织过程当然更加神奇。40亿年前，原始的液态氨基酸和其他简单的分子自组织起来，成为最初的活细胞；6亿年前，单个细胞开始自组织，从而形成像海藻、水母、昆虫，最后到人类这样的多细胞生物体；大约1万多年前，人类单个个体开始自组织，逐渐形成家庭、部落、社团、民族、国家、政党，以及各种其他类型的社会组织；大约数千年前，地球上各个地区的人群开始贸易往来和文化交流，逐渐形成各种跨国、跨洲、跨洋的贸易自组织，最终演化成为今天的全球贸易网络，并形成像WTO（世界贸易组织）这样的多边贸易组织。

生命体系或生命器官的自组织机制是最令科学家着迷的前沿课题之一。无数个细胞如何自组织起来，形成像眼睛、肾脏、心脏等这样精巧无比的器官？高达80亿个神经元细胞如何自组织起来，形成人脑这样具有高度智慧的信息处理系统？简言之，无数个细胞如何自组织起来，形成了像人类这样能够"参赞天地之化育"的高等智慧生物？假若能够回答这样的问题，人类就能够设计出像人脑或人本身一样的智能机器，从而实现真正的人工智能。

经济体系的自组织机制也是经济学最值得研究的课题之一。个体的自由选择行为为什么能够形成像华为、阿里巴巴、谷歌、苹果、微软、丰田、亚马逊、英特尔、高通、西门子等富有创造和创新活力的跨国企业？那些曾经盛极一时的伟大企业为什么一夜之间会土崩瓦解，涣散为一个个单独的个体？单个投资者的理性投资行为为什么会造成股市、房市和所有金融资本市场的大起大落，甚至引发崩盘？一项新技术和新发明为什么会迅猛征服绝大多数人，成为赢者通吃的技术和发明（最近十年的典型案例是腾讯公司开发的微信）？单个个体行为并没有表现出那么显著的周期性，为什么整体经济和金融体系却具有规律性的经济和金融周期？

宏观经济学的主要任务应该是回答这些问题。微观个体行为如何自组织成为宏观整体行为，宏观整体行为或现象为什么完全不同于微观个体行为，这才是所谓宏观经济学与微观经济学的根本区别。

金融体系自组织的奇迹：现代商业银行的诞生

谈到金融体系的自组织，我经常想到一个古老而著名的案例，那就是千年前的欧洲圣殿骑士团自组织演化为西方现代商业银行的奇特故事。

西方现代商业银行的出现过程（实际上是一个涌现或突变的过程）可以用不可思议来形容，它起源于欧洲的十字军东征。简单来说，十字军东征就是欧洲基督教世界和伊斯兰世界争夺耶路撒冷而产生的长达数百年的战争。基督教徒和穆斯林都坚信，耶路撒冷是他们宗教的发源地，是最神圣的圣地，双方都志在必得。于是，欧洲基督教国家的国王和君主们争先恐后组织军队，远征耶路撒冷。

公元 1099 年，十字军首次攻占了耶路撒冷，欧洲各地虔诚的信徒开始涌向耶路撒冷朝圣。他们从欧洲大陆和英国出发，如果走陆路要跨越意大利、希腊、叙利亚、黎巴嫩等多个国家，如果走水路就要穿越地中海或者里海。路途遥远，朝圣者们的人身安全和财产安全就成为大难题。所以在十字军占领耶路撒冷大约 20 年后，教皇为了保护朝圣者的人身安全和财产安全，下令成立了一个新的组织——圣殿骑士团。

加入圣殿骑士团的人首先要做三件事：第一，宣誓放弃一切个人财产，永远保持清贫和贞洁；第二，要保证任何时候离开圣殿骑士团不能超过一个晚上；第三，时刻准备为保护基督徒朝圣者献出自己宝贵的生命。

圣殿骑士团最初的任务有两个：一是为朝圣者提供人身保护，类似保镖的功能；另一个就是为朝圣者提供财产运输和财产保管服务，类似中国古代的镖局。同时，圣殿骑士团还协助十字军守卫某些关键的据点、城堡、港口、要塞等。

显然，圣殿骑士团成立之初只提供相当于保镖和镖局的简单服务，而且当时所有成员都发誓自己不能拥有任何财产，保持清贫，保持贞洁。但在历史的演变里，圣殿骑士团很快变成了一个真正意义上的商业银行。

圣殿骑士团首先发明出汇票服务，类似于我们中国唐朝发明的飞钱服务。朝圣者从欧洲大陆到耶路撒冷要经过漫长的路途，携带大量金银财产显然不方便，也不安全，所以圣殿骑士团就在伦敦、巴黎、威尼斯等地方建立了城堡和教堂，基督徒可以将财产存放在这些地方，等到了耶路撒冷再提取出来，也就是今天的汇票服务。

第二个服务就是给信徒们提供财产保护服务，类似于今天的银行保管箱服务。很多欧洲贵族、富豪的珍贵财产就保存在圣殿骑士团所拥有的教堂和城堡里，比如英国国王的宝石，甚至王冠。

第三个服务就是存款和贷款。刚开始主要是为王室、贵族服务，后来也为普通人服务。

第四个服务是出售养老保险，或者叫养老年金。

第五个服务是帮助一些君主和贵族进行投资管理和理财，作为回报，君主和贵族往往也给圣殿骑士团非常慷慨的捐赠。

第六个服务是圣殿骑士团还参与土地经营和一些基础设施项目的直接投资。

这些服务几乎就是今天商业银行的全部业务，所以圣殿骑士团在十字军东征之后的几十年里，迅速演变成当时欧洲最大的商业银行网络，而且是一个真正跨国的商业银行网络。它的分支机构遍布欧洲各地，从伦敦到巴黎，再到叙利亚、威尼斯和耶路撒冷。

圣殿骑士团并没能一直存在，在创办100多年之后，由于得罪了法国国王腓力四世和英国国王爱德华一世，更关键的是得罪了教皇本人，圣殿骑士团财产被全部没收，很多成员遭到抓捕和审判，圣殿骑士团也因此而解散。虽然圣殿骑士团消失了，但是他们开创的金融服务却被永久地保留了下来。今天的金融史学家一致认为，圣殿骑士团提供的金融服务是现代商业银行真正的鼻祖。

圣殿骑士团演变为实质上的商业银行的故事实在精彩。它至少说明了人类经济金融体系演化的许多标志性特征。其一是不可预知性。圣殿骑士团开创的许多金融服务是创立之初根本没有想到的。其二，经济金融体系的演化从来就不可能事先设计，它确实是一种自发秩序。其三，参与其中的每个个体之间相互作用会产生无限多样和无限可能的结果。这些正是生命体系或耗散结构体系自组织机制的标志性特征。

经济体系演化的本质：不断涌现和变化多样的自组织

自组织是非线性科学和非平衡态热力学最重要的发现之一。科学家从这些发现里将自然界和人类社会的一切组织区分为自组织和他组织。所谓他组织，就是一个系统是依靠外部指令而形成组织；所谓自组织，就是系统没有外部指令，依靠某种相互默契的规则，或者按照自己理想的行为方式行事，却又能够相互协调并自动形成有序结构或组织。

科学家发现自组织机制至少需要满足三个条件。其一，系统必须是一个开放系统。系统只有通过与外界进行物质、能量和信息的交换，才可能产生和维持稳定有序的结构。其二，系统必须远离平衡态，非平衡态是有序和自组织之源。其三，系统内部各个子系统或个体之间的相互作用是非线性的。非线性相互作用能够使个体或子系统之间产生协同效果，系统由混沌或杂乱无章变成有序的自组织。

上述这些条件正是普里戈金首次明确定义的耗散结构的基本特征。自组织正是耗散结构的基本特征。一切生物有机体系或生命体系，以及人类社会经济体系皆是远离平衡态的耗散结构，都是自组织所形成的系统。

整个人类社会就是一个耗散结构或自组织系统。自有人类社会以来，人类所形成的各种宗教组织、政治组织、经济组织、军事组织、教育组织、文化组织，乃至道德伦理、语言习俗、宗族社区、婚姻家庭、货币金融等，可谓是缤纷多姿，复杂无比。并没有一个高高在上的上帝给人类下达指令，要求人类必须建立某种组织。从这个意义上说，人类一切组织——从国家到家庭，从军队到公司——都是自组织。

当然，具体到人类某一类组织的内部结构而言，我们可以有自组织和他组织之分。譬如，军队的各级组织往往都是接受上级命令而成立，其行为准则和规范皆由军事条例和法律所规定。又譬如，很多政党有严格的上下级纪律约束，要求下级服从上级，各级组织必须听从上级组织的命令或指示。此类军队和政党组织并非由个体之间的相互协调自发形成，可以称之为他组织。然而，即使等级和纪律严格如军队和政党，个体之间依然能够形成各种形式的自组织，譬如基于同学和老乡关系的各种社交组织，基于相同兴趣爱好的各种学习组织，基于某个创新项目的行动小组，等等。

经济学者研究最多的就是市场自发形成的各种组织或秩序，200 多年西方经济学的发展就是对亚当·斯密"看不见的手"学说持续不断地诠释。市场自发形成的各种秩序或组织可以说无穷无尽、无限多样。单以交易市场而言，从最简单和最古老的以物易物、村镇集市、节日庙会、茶马古道、边境互市，到现代世界开始兴起的远洋贸易、商品交易中心、展销会、展览会、五花八门的商品交易会、现代百货商场、超级市场、大卖场、厂家直销、现货和期货交易所，一直到今天风行世界数之不尽的各种电子商务平台，都是市场自组织的演变结果。

市场或经济自组织的第一个形成机制就是人的自利行为，就是人永远都要努力寻求最廉价或成本最低的交易方式，以获取最大的消费者剩余。斯密"看不见的手"的要义就是每个人的自利行为能够最有效地促进人与人之间的相互协调，这种相互协调自然而然地形成各种自组织或自发的市场秩序。

市场或经济自组织的第二个形成机制也是最重要的形成机制是人的创造性。人希望赋予世界以秩序，人希望创造新的秩序，人希望自定方向，希望世界按照自己的愿望运行，希望以自己的信念来改造世界，渴望用自己的言行让世界变得更加美好。人心的道德创造性和物质创造性是世间一切秩序的源泉。若没有人心内在的道德意识和自我约束，人类社会根本不可能形成家庭、部落、社区、民族、公司、社团，乃至国家。制度经济学者用交易费用和合约来解释和理解各种社会组织的起源和运行，虽然不乏创见，却未能透彻认识人类社会自组织的本质。

自组织和经济体系的内在结构

复杂性视角让我们重新认识经济体系的内在结构。自组织所形成的结构，才是经济体系的内在结构。

经济体系由无数经济个体相互联系、相互作用所构成。新古典经济学将经济主体之间的关系主要概括为供给和需求的关系或供给者和需求者之间的关系。协调供给者和需求者之间关系的机制就是价格信号。所以，新古典经济学的代表人物，如萨缪尔森和弗里德曼，皆对价格机制推崇备至。前者认为价格决定整个经济体系"生产什么，如何生产，为谁生产"，后者认为价格既决定生产效率又决定收入分配。

20 世纪后期发展起来的产权和交易费用经济学、信息经济学、博弈论、合约经济分析等，精彩纷呈，各领风骚，其实皆是从价格机制的角度来探索经济体系的内在结构。交易费用、合约成本、博弈策略等，皆是价格、成本或代价的不同表现形式。然而，无论是新古典马歇尔式的供求价格均衡分析、科斯的交易费用决定市场和组织（企业与政府）的分界、不对称信息所决定的道德风险和逆向选择，还是交易费用所决定的合约选择或合约结构等，皆没能真正解释经济体系的内在结构及其根源。

那么，什么是经济体系的内在结构呢？经济学者习惯上用所谓总供给—总需求，储蓄—投资—出口，第一产业、第二产业、第三产业，垄断—竞争，市场—政府，等等，来描述经济体系的结构。有的从产权层次划分经济结构，有的从技术层次划分经济结构，有的从产业层次划分经济结构，有的从内外经济比例或经济开放度划分经济结构，有的从财富运用比例（储蓄投资比例）划分经济结构，有的从垄断竞争角度划分经济结构。上述各种划分皆有重要价值，有助于我们从不同角度认识经济体系。

假若我们从复杂性或复杂经济学视角来考察经济体系，那么我们就会看到完全不同的经济体系的内在结构，经济体系内在结构持续变化的动力机制也根本不同。

从复杂性、创造性或生命体系演化的角度来观察，经济体系里最重要的内在结构是自组织机制所形成的结构，我们可称之为创造性结构，这是一个经济体系里"自发生长"或"自我生长"的各种乃至无限多样的创造性组织所构成的社会经济结构。自发生长或自我生长的创造性组织包括各类公司，各类社团，各类科学、教育、思想、文化组织，各类宗教、艺术、文化组织等，以及这些组织内部各种层次的自组织。此类组织及其各种分层组织越多元、越丰富、越自由、越充满活力，社会和经济体系就越充满创造性和创新活力。很多国家将新创企业特别是新创高科技企业作为衡量国家创新活力的重要指标，正是基于自组织的创新活力。这就好比一个生命体系内部的各个细胞越富有活力，细胞构成的器官越富有活力，整个生命体就越具有活力。

相反，假若一个社会经济体系死气沉沉、铁板一块，很少有新的组织（包括各种科学、艺术、文化、思想、宗教、经济、金融组织）诞生，那么这个社会经济体系必定陷入停滞衰退。因此，任何意义上的创新都不可能孤立出现。如果我们希望技术和经济领域持续创新，却压制哲学、思想、艺术、科学、文化等方面的创新，那就真正是刻舟求剑、缘木求鱼了。

2006年诺贝尔经济学奖得主、美国著名经济学家、哥伦比亚大学教授埃德蒙·费尔普斯长期研究创新和经济增长的关系。他的著作《大繁荣》就是从社会制度和文化角度来研究创新。费尔普斯教授的问题是：为什么经济繁荣能够爆发于19世纪20年代到20世纪60年代的某些国家？经济繁荣意味着规模空前的物质财富，意味着人们生活的日益丰富，意味着越来越多的人获得有意义的职业，以及实现自我价值和个人成长的梦想。

费尔普斯教授在《大繁荣》里所表达的观点，与一般经济增长理论家的观点大相径庭。他认为大繁荣的源泉是现代价值观，尤其是个人渴望参与创造、探索和迎接挑战。新的价值观点燃了激发广泛自主创新所必需的草根经济活力。费尔普斯教授以大量实例说明，大繁荣得以成功开启的绝大多数创新并非是亨利·福特那种孤独的梦想家所创造的，而是千百万普通人共同参与创造出来的，前提则是他们有自由的权利去构思、开发和推广新产品与新工艺，对经济和技术的现状进行持续的改进。正是这种由广泛大众参与的创新创造了民众的繁荣兴盛或大繁荣，才成功实现了普通人的物质条件改善，让他们过上了真正意义上的美好生活。

费尔普斯教授特别强调多样性和经济繁荣的关系，它特别提到个性的多样性、金融的多样性、企业家的多样性对创新的重要性。他说："现代经济依靠社会的多样性实现繁荣。一个社会对创新的意愿和能力（也就是其创新倾向或经济活力）显然与潜在创意者的背景、环境和个性的多样性有很大关系。犹太人在 20 世纪 20 年代、黑人在 20 世纪 60 年代加入音乐产业，都是这方面的经典案例。此外，一个社会的活力还取决于金融家的观点的多样性。创意得到的评估机会（遇到可能欣赏它的人）越多，好的创意遭到拒绝的概率就越小。如果让国王一个人挑选值得投资的创新项目，那只能造就色调单一的国家。除其他因素外，经济活力还取决于企业家的多样性，以便从中找到最合拍、最有条件将新创意融入可行的工艺和产品的人。"①

简而言之，费尔普斯的观点就是：多样性必然意味着创造性和经济繁荣，多样性才能创造经济繁荣。

为什么人的创造性必然生长或产生出创造性组织和自组织，必然形成自发自在的秩序或创造性秩序？因为创造性本身就是自发自在的，不是外在某种力量所强加的。正如孟子所说，人心的创造性乃是天所赋予，"非由外铄我也"（《孟子·告子章句上》）。创造性本身必然会自己彰显出来。

道家哲学的精髓正在于此。道家在人类哲学史上首次深刻阐释了生命内在的、自发的创造性。《道德经》曰："道生之，德畜之。"其意义正是说万物本是自己生，自己长。王弼《老子注》对此的注释是："不禁其性，不塞其源。"只要不禁其性、不塞其源，万物内在的生命创造性必然彰显出来，必然会自己生长壮大。"不禁其性"，就是不要禁止、控制、歪曲、戕

① 埃德蒙·费尔普斯.大繁荣：大众创新如何带来国家繁荣 [M].余江，译.北京：中信出版社，2018：42.

害事物和人的本性，就是要尊重和顺应事物和人的本性；"不塞其源"，就是不要把万物和人性的创造性或生命的源头堵死，让生命的创造性能够开源畅流、自由自在、无拘无束。这是很高的境界和智慧，也是人类社会经济体系的理想之境。道家没有直接讲创造性，没有直接用创造性、创造力、创造性体系这些术语，然而，其内在的义理确实如此。

西方思想的自由主义精神尤其是苏格兰启蒙运动所激发和倡导的自由主义精神，与道家所倡导的生命自我生长、"不禁其性，不塞其源"的精神有异曲同工之妙。

亚当·斯密经济思想的源泉正是苏格兰启蒙运动，核心就是自由主义精神。所以他为自己发现"看不见的手"能够促进人类经济社会最大利益而深感自豪和兴奋。"看不见的手"不正是道家所说的"不禁其性，不塞其源"吗？不正是一种自发自在的秩序吗？所以哈耶克对苏格兰启蒙运动的自由主义精神推崇备至。

斯密《国富论》的基本主题是：分工与合作是财富增长的源泉。为什么人需要分工，需要合作？数百年来，经济学者主要从比较优势和交易费用的角度来理解分工与合作。从创造性角度则能够更深入地理解斯密的伟大创见。人的创造性千差万别，各具特征和独特性，却又皆具有局限性。分工则是人人发挥其创造性之所长，合作则是相互补其所短，形成创造性合力，方能创造出人间奇迹。是故，分工与合作乃是人类创造性发展的必然形态和过程，合作必然要形成各种各样的自组织，所以自组织的创造性乃是自组织的内在特征。

新古典经济学没有从一个生命体系或创造性体系的角度来考察经济体系，实际上从来没有真正抓住或找到经济体系演化发展的核心动力机制。熊彼特首次将创新和创造性毁灭置于经济体系动态演化的中心，石破天惊，是对经济体系动态演化动力机制认识最深刻的伟大经济学者。新古典经济学者最重要的创见是将技术进步看作经济体系的核心动力机制，这就是保罗·罗默荣获诺贝尔奖的内生经济增长理论。但是，技术进步其实是经济体系演化的结果，并不是经济体系真正的内在动力机制。我们还需要往前深入几步。

我们可以从生物学家对生命体系动力机制的发现里获得重要的启示。生命体系演化发展的重要机制主要是自组织机制、自动催化机制和适应性机制。

一切能够自我组织、自我演化的体系都可以称为智能系统。所谓智能的本质含义，就是自我演化、自我调整、自我组织、自我学习、自我适应。

腾讯创始人马化腾曾经说，那些真正有活力的生态系统，外界看起来似乎是混乱和失控的，其实是组织在自然生长演化，在寻找创新。如果一个企业已经成为生态型企业，创新就会从灰度空间源源不断涌出。灰度空间本质上就是企业内部自我生长的、富有创新活力的自组织。催生这种灰度空间或自组织不断涌现的关键要素，正是一个企业或组织富有创造力的文化氛围。《新经济学》第五卷就主要从文化氛围的角度探讨人类创新生态体系的形成和运作机制。

第八章

经济进化论

经济学和进化论

进化的观念或许是人类思想里最普遍的观念，它涵盖自然科学和社会科学的一切领域。

极富传奇经历的法国考古学家和思想家德日进（Pierre Teilhard de Chardin，1881—1955）在其代表著作《人的现象》里写道："何物进化？理论乎？体系乎？假设乎？……不，它是一种比这一切更多得多的东西。它是一切理论、假设、体系都必须服从并与之保持一致的一个基本条件，否则它们就不可能是合情合理、合乎事实的。进化是照耀一切事实的亮光，是一切线条都必须在其中接合的曲线。这就是进化。"[①]

德日进将进化视为"照耀一切事实的亮光，是一切线条都必须在其中接合的曲线"，将进化上升为宇宙最普遍的基本原则。

进化的思想与经济学有天然的联系，因为进化论的基本思想就是自然选择，而经济学者研究的基本问题也是选择，因此经济学家用进化论的思想来思考经济问题并不是什么新鲜事。

有学者认为，正是斯密《国富论》里所蕴含的适者生存、不适者淘汰的思想启发了达尔文提出石破天惊的进化论，写出盖世巨著《物种起源》。譬如，张五常教授在《经济解释》里论述自私假说时，首先引用斯密《国富论》里关于自私和"看不见的手"的那两段最著名的文字，然后说："细读《国富论》，我认为上述的两段文字是源于他的自然淘汰观，影响了后来的达尔文。"[②]

张五常教授的受业恩师阿尔钦 1950 年发表著名文章《不确定性、演化

① 德日进. 人的现象 [M]. 范一，译，南京：译林出版社，2012：译者序.
② 张五常. 经济解释（二〇一四合订本）：科学说需求 [M]. 北京：中信出版社，2014：90.

和经济理论》，明确将进化和淘汰作为经济学的基础假设，认为淘汰和进化的最终效果与所谓自私驱使下的选择效果完全一致。科斯对此文推崇备至："1950年，阿尔钦发表《不确定性、演化和经济理论》，这篇文章展示了令人惊叹的原创性。经济学者立刻认识到这篇文章的重要性，阿尔钦因此获得广泛的国际声望。我清楚地知道，这篇文章宣告经济学又有了一位新的大师。"[①]

当然，谈到经济学和进化论之间的关系，不能不提到理查德·道金斯1976年出版的经典著作《自私的基因》。道金斯用相当多的案例证明自私是动物与生俱来的本性，是代代遗传不可更改的。这本书启发了一门新学问的诞生——生物经济学。

关于进化的一些形而上思考

德日进认为，进化是"照耀一切事实的亮光，是一切线条都必须在其中接合的曲线"，那么，从最一般意义或形而上意义来说，进化究竟是一种什么力量呢？

进化背后的根本力量就是生命内能或宇宙内能，就是无中生有的生命力量。

正是这种无中生有的力量推动着宇宙的演化、生命的进化、人类秩序的建立和经济技术的进步。创造性的生命内能直接否定了热力学第二定律所预言的无序和死寂。生命内能的本质就是创造新的秩序。所谓秩序就意味着一种新的结构和方向，"秩"就是结构，"序"就是方向。生命本身具有最复杂

[①] Armen A. Alchian, *Economic Forces at Work: Selected Works by Armen A. Alchian*. Liberty Press, 1977, p.9.

的结构，迄今为止最高级的生命——人类——具有不可思议的复杂结构。今日人工智能所讨论的核心问题是：人类能否创造或设计出比人自身还要复杂或至少与人自身同样复杂的结构。从最基本的哲理上讲，我认为人类永远也不可能设计出比人自身还要精巧和智慧的智能结构或智能工具。

宇宙最大的秘密和最神奇的事情就是生命或生命内能。生命如此强大、刚健而永恒，它终将遍布或征服整个宇宙。DNA的发现将我们对生命本质的认识提升到一个新境界，它清楚地说明生命的本质是一种不可逆的信息传输机制。遗传机制的中心法则是：DNA—RNA（核糖核酸）—细胞，这一法则揭示了生命信息传输机制的密码。生命的本质既是一种能量的转换和传输，也是一种信息的转换和传输，即信息、能量、物质之间的相互转换。遗传中心法则所揭示的正是生命信息能量的传输具有确定的方向，所谓心智或意识也是信息的创造、交流、转换或传输，这其实就是进化的本质。

创造或进化的本质正是信息的创造、交流、组合、传输、转化，即信息、能量、物质之间的相互转化。美国计算机科学家弗雷德金有一个著名论断：宇宙是一台计算机。人何尝不是一台精密的计算机呢？他处理信息、能量和物质的转换。由此我们可以给热力学第二定律以新的表述：若没有任何新信息产生（从外部或内部），一个系统的信息传输将逐渐失去方向并最终停止。所谓均衡就是没有任何信息产生或交流，一个封闭体系的均衡就是没有任何方向的变化或者失去任何变化的方向，即死亡。

生命能量或精神能量就是从无到有产生的一种具有方向性（永远带来秩序）的信息，它由这种方向性的信息转化而来，并进一步转化为物质，反之亦然。生命就是这样一个正反馈和逆反馈、正能量和负能量、熵增和熵减、阴和阳之间相反相成、循环往复、动态平衡的过程。依照庄子的哲学，世界上实际上既没有真正的生，也没有真正的死，这是极高的智慧和对生命本质最深刻的体悟。所以庄子大谈"方生方死，方死方生"（《庄子·齐物论》），妙哉！

人体作为一个生命体的进化，所依靠的是 DNA 遗传的基因。作为社会动物或社会一分子的人，其进化所依靠的则是社会文化基因。有什么样的社会文化和教育基因，就会培养和训练出什么样的人。爱默生说过，衡量一个文明的主要标志是看这个文明培养出什么素质的人，文明的基因就是文化基因，也就是中国人喜欢谈论的文化血脉和传统。

因此，所有人类社会进化的基因都是一种文化基因。信息时代的思想家凯文·凯利有一句很重要的话：文化改变我们的基因。此语意义深远。中国古圣先哲也有类似顿悟。中国人喜欢说"腹有诗书气自华"，喜欢说"相随心转"，皆是指的精神修养必然改变人的精神气质。孟子有一段非常著名的话："仁义礼智根于心。其生色也，睟然见于面，盎于背，施于四体，四体不言而喻。"（《孟子·尽心章句上》）这就是讲人的本质是仁心，仁心才是人最重要的精神和文化基因。日常生活里我们常常看到，一个天资愚钝或平凡的人，经过孜孜不倦地艰苦努力，也能成为饱学之士，也能对某种学问有自己的独特见解，也能成为气质高雅之人。这乃是生命最神奇和最可贵之处，也是人最不可辜负的精神力量或无尽宝藏。

就人类自身和人类社会的进化而言，精神、文化、思想是最重要且永不消失的进化信息或基因。精神、文化、思想体系本身就是生命内在的创造或生命内能的彰显。精神、文化、思想本身就是一个生命体系，具有生命的所有特征。

凯文·凯利在一次访谈中曾说："人们都说，没有什么能逃脱冷酷的热力学第二定律，宇宙的最后归宿是一片死寂。但这不是故事的全部，宇宙在沉寂的同时，还在热闹起来，从旧物中带来新生，增加复杂性的新层次。

宇宙充满了无尽的创造力。熵和进化，两者就像两支时间之矢，一头在拖曳着我们坠入无穷的黑暗，一头在拉扯着我们迈向永恒的光明。"这段话十分精彩，实际上它已经说出了宇宙演化的秘密。进化的本质力量就是生命永恒向上的精神力或创造力。

中华伟大经典《周易》所揭示的正是宇宙生命演化的基本规律。"坠入无穷黑暗的力量"以阴表示，"迈向光明的力量"以阳表示。《周易》的全部主题就是阴阳斗争，就是阴阳相辅相成、相反相成的辩证发展与演化，就是生命的本质。阴阳斗争、竞争、协调、合作，正是宇宙生命演化的全部秘密和机制。全部宇宙只有一个秘密，那就是生命的秘密；全部宇宙只有一个规律，那就是生命的规律；全部宇宙只有一个真理，那就是生命的真理。《周易》永恒的魅力，正是它揭示了生命最基本的规律和真理，揭示了人心创造性即生命创造性最基本和最本质的规律，是故《周易》足以撼人心魄、启人心智、诱人日进、催人日新。这个最本质和最基本的规律又以《乾卦》——乾代表最本质和最内在的精神力量——的进化规律为核心，所谓"天行健，君子以自强不息"(《易传·象传·乾》)，正是描述生命的无穷力量和无限创造性。

从进化的内在机理来看，物质、能量、信息是一回事。遗传密码是信息，是由一组碱基（物质）构成。电磁波传递信息，既是物质，也是能量。整个宇宙就是一部巨大的信息处理机，无时无刻不在处理着无穷多样的信息、能量和物质。

遗传密码只有 64 个，几乎所有生物都使用同样的 64 个遗传密码，恰如《周易》将宇宙一切现象的本质归结为 64 卦，岂不神奇哉？难道这是简单随意的类比和巧合吗？大道至简，信矣哉！《易经》64 卦就是 64 种不同的能量形式、物质形态和信息形态。我们吸收每一卦，正是吸收某种信息，也是吸收某种物质，吸收某种能量。精神转化为物质，能量转化为物质，信息也转化为物质。

全部生命密码竟然隐藏在 64 个遗传密码之中，宇宙万象的本质规律隐藏在 64 卦之中，这是最神奇的进化规律。

思想文化基因和人类经济体系的演化

人类社会经济体系的演化基因是文化、思想和精神基因，我们应该以此为基本理论出发点，来考察和思考人类经济体系的演化。

经济体系的演化是系统性的演化。根据分析的目的和考察的视角不同，经济体系原则上能够被划分为无数个子系统。从大历史角度考察经济体系的动态演化，最重要的是十个子系统的演化及其共同演化：

- 思想和理念系统的演化。

- 产权和法律制度系统的演化。

- 教育和人才培养系统的演化。

- 企业组织系统的演化。

- 科学和技术系统的演化。

- 货币金融系统的演化。

- 产业系统的演化，同时产业系统本身也可以无限细分。

- 分工和价值链系统的演化。

- 市场和交易系统的演化。

- 财富分配和再分配系统的演化（特别是税收系统的演化）。

人类经济体系演化是围绕人类的思想、理念和文化系统而展开。从大历史角度看，思想、理念和文化对一个地区、一个民族、一个国家的经济体系演化起着决定性作用，它决定了经济体系演化的历史韵律和总体方向。多元、包容、创新和创造的文化基因必然激荡出推动科学昌明、技术进步和经济繁荣的强大动力；相反，遏制多元文化和思想自由，戕害私有产权，遏制企业家精神的文化基因必然导致普遍的愚昧落后和经济停滞。

　　纵观历史，无论从全球范围看还是从国家和民族范围考察，每一次科学和技术的大飞跃，每一次经济的高速增长和大繁荣，必定以思想解放为基本前提。正是人类思想和理念的革命性变革推动了人类经济体系的演化或突变。

　　没有文艺复兴、宗教改革和地理大发现所刺激出来的欧洲科学时代和理性时代，就不可能有后来的工业革命和经济腾飞。时间跨越千年的中世纪几乎没有出现任何重大的科技发明和经济增长。英国所引领的第一次工业革命，美国和德国引领的第二次工业革命，美国引领的第三次甚至第四次工业革命，都源自 300 多年前西方文明历史上最伟大的宗教改革或思想解放。

　　没有明治维新的思想激荡和"脱亚入欧"，闭关锁国长达 300 年之久的东亚岛国日本就不可能出现惊人的社会政治变革和经济腾飞，并迅猛崛起为亚洲强国。以福泽谕吉为杰出代表的思想解放运动彻底改造了日本民族的文化基因，缔造了现代化的日本。

　　20 世纪 80 年代，以里根供给革命和撒切尔夫人私有化革命为代表的经济制度突变，其思想根源则是以弗里德曼和哈耶克为代表的自由主义经济哲学。正是这种强大的思想力量扭转了凯恩斯主义的大政府哲学理念，开启了以大规模减税、放松管制、鼓励科技创新为核心的新经济政策时代，直接催生了以互联网为代表的新经济和信息科技时代的来临，击垮了以苏联为代表的集权式计划经济，改变了世界格局。

"真理标准问题大讨论"以及由此激发的思想大解放，为邓小平开启伟大的改革开放吹响了嘹亮号角。20世纪80年代，中国又一次迎来了思想开放和自由的时代，中国人以前所未有的、如饥似渴的强烈愿望，全力吸收先进的外来思想和科学技术，并以此为理论基础，改革自己的经济体制和企业管理制度。改革开放的重要举措之一就是决定建立以深圳为代表的经济特区。经济特区最重要的作用就是给中国打开一扇窗户，让中国人能够学习和借鉴西方先进的思想、科技和管理模式。改革开放数十年，先进的思想、科技和经营理念正是从南方的经济特区迅猛北上，逐渐扩展到全国。

生物学家已经证明，善于学习的生物具有较快的进化能力。对于人类的进化而言，学习基因比纯粹的生物基因要重要得多。今天人类的生物学能力（譬如体力、吃苦耐劳和对饥饿的忍耐力等）不可能强于我们的祖先，甚至已经退化很多。然而，由于人类学习、创造、创新的能力持续增强，今天人类在任何一个方面的能力（掌控和利用外部自然环境和资源，掌控和提升自身的健康和寿命，丰富生活内容，提升生活质量，等等）都远远超越哪怕是我们父辈的能力。这种能力的超越并不是生物学意义上的进化所得，而是文化、学习、创造、创新意义上的演化所得。这种演化所依靠的不是生物学意义上的DNA，而是一种文化DNA。

这正是我们从进化论角度来理解人类经济行为和经济体系所需要的重要视角。人类经济体系的演化就是一个持续学习、创造和创新的过程，关键就是文化基因或学习基因的引入或突变。文化人类学有大量的案例证明，那些与世隔绝、自身又没有任何新思想和新文化诞生的部落、种族或地区，在数千年时间里没有任何经济增长和社会进步，古老的生活方式代代相传，亘古不变。

综观世界，那些数千年都没有出现持续经济增长和社会发展的国家和地区，并非是自然资源匮乏，而是没有任何创新和创造的基因。对于任何国家和地区来说，对外开放都是经济腾飞和社会变迁的前提条件。人们通常强调对外开放引入资金、技术和人才的重要性，其实远为重要的是引入新的文化、学习、创新和创造的基因。世界上凡是成功实现经济持续增长和社会进步的国家和地区，皆具有充分对外开放、文化多元包容的特征。世界上那些最具创新活力的地区，譬如美国硅谷、英国剑桥、以色列、中国深圳和杭州等，皆是人才荟萃、文化多元包容。没有多元文化的相互激荡和刺激，创新根本不可能产生。那些缺乏创新活力的国家和地区，要么闭关锁国，要么文化单一或停滞，要么当权者极力遏制文化和思想的创新。

历史学者和经济学者已经从无数个视角讨论了第一次工业革命为什么出现在英国。如果从进化的角度来看，培根、牛顿、约翰·洛克、斯密等思想家和科学家为英国社会注入了新的基因，极大地加速了英国社会的进步。

培根是实验科学的首倡者，牛顿是现代科学的奠基人，洛克则是现代政治哲学和政府理论的开山大师，斯密则是现代经济学之父。这些伟大人物的不朽思想和科学贡献，不仅为英国文明的演化创造了新的基因，而且为整个人类文明的演化注入了新的基因。他们共同开启了科学时代和进步时代。

很大程度上，培根和牛顿的实验科学或实证科学基因、洛克的现代政府理念和进步思想、斯密的自由市场经济政策今天依然支配着人类社会，支配着人类科技体系和经济体系的演化。斯密的经济思想基因则早已演化为异常复杂的现代经济学体系，主导着人类的经济思维和政策哲学。

《新经济学》第三卷详细阐释了美国这个独特国家的精神起源。美国就是一个理念和精神的产物，而这个思想理念和精神的核心内涵就是马丁·路德·金和约翰·加尔文伟大的宗教改革所创造出来的精神和伦理。这种崭新的文化、精神、信仰和伦理基因，历经数百年的演变，经过著名的1620年的《五月花号公约》、1776年的《独立宣言》、1787年的《美国宪法》，终于创造出一个世界上最独特的，也是人类历史上第一个真正以民主宪政为原则建立起来的国家。新教所开创的文化、精神、信仰和伦理基因，激励美国人民创建出世界上良好的教育体系、强大的制造业和金融业，推动美国成为世界上综合国力强大的国家。

具体而言，美国经济和金融崛起的思想资源则是美国第一任，也是美国迄今为止最年轻和最伟大的财政部长亚历山大·汉密尔顿的经济和金融思想。汉密尔顿的经济和金融思想则是来自欧洲大陆和英国的思想家。

汉密尔顿曾经说："1690年代开始，大英帝国创建了英格兰银行、税收体系和国债市场。18世纪，英国国债市场迅猛发展。国债市场之急速扩张，不仅没有削弱英国，反而创造出数之不尽的巨大利益。国债帮助大英帝国缔造了皇家海军，支持大英帝国赢得全球战争，协助大英帝国维持全球商业帝国。与此同时，国债市场极大地促进了本国经济发展。个人和企业以国债抵押融资，银行以国债为储备扩张信用，外国投资者将英国国债视为最佳投资产品。为了美国的繁荣富强，为了从根本上摆脱美国对英国和欧洲资金和资本市场的依赖，美国就必须迅速建立自己的国债市场和金融体系。"[1]

---

[1] 向松祚. 争夺制高点：全球大变局的金融战略［M］. 北京：中国发展出版社，2013：198.

"一个国家的信用必须是一个完美的整体。各个部分之间必须有着最精巧的配合和协调，就像一个枝繁叶茂的参天大树一样，一根树枝受到伤害，整棵大树就将衰败、枯萎和腐烂。"①

正是在这种思想的指导下，汉密尔顿构思出名垂青史的《公共信用报告》和《关于制造业的报告》，创建了美国的货币制度、中央银行、金融体系、税收体系和制造业基础，为美国的经济腾飞和跃居世界之巅注入了强大的创新基因。汉密尔顿为美国构建的货币金融体系有五大支柱：其一，统一的国债市场；其二，中央银行主导的银行体系；其三，统一的铸币体系（金银复本位制）；其四，以关税和消费税为主体的税收体系；其五，鼓励制造业发展的金融贸易政策。可以毫不夸张地说，美国经济和金融的迅猛崛起正是汉密尔顿播下的种子所创造的奇迹。

美国政治家丹尼尔·韦伯斯特曾经以诗一般的语言赞扬汉密尔顿："汉密尔顿创建的金融体系，是美国繁荣富强的神奇密码。他叩开信用资源之门，财富洪流立刻汹涌澎湃。美国人民满怀感恩之情，世界人民满怀敬畏之心。丘比特拈花一笑，智慧之神翩然而至，那是我们钟爱的希腊神话。然而，汉密尔顿创造的金融战略比希腊神话还要美妙。他那不可思议的大脑灵机一动，整个美国金融体系就应运而生。"②

现代信息科技时代则是数百年科学基因代代相传、世代积累、加速进化的结果。19世纪中期，当英国首相本杰明·迪斯雷利参观法拉第的电力实验室时，迪斯雷利问法拉第："您捣鼓这些玩意儿有什么实际意义呢？"法拉第略带讽刺地回答说："首相先生，很快您可能会想到对这些玩意儿征税！"

---

① 向松祚.争夺制高点：全球大变局的金融战略［M］.北京：中国发展出版社，2013：198.
② 向松祚.争夺制高点：全球大变局的金融战略［M］.北京：中国发展出版社，2013：199.

正是法拉第、麦克斯韦和其他伟大科学家的开创性工作，为人类开创了电力时代。法拉第的电力实验室建立之后不到100年，电力就已经成为所有国家和地区经济增长和日常生活须臾不可离开的必需品。毫不夸张地说，法拉第和麦克斯韦等少数科学家的天才闪耀照亮了整个人类，这是不可思议的人间奇迹。

更不可思议的奇迹则是量子力学所开创的现代信息科技时代。量子力学的主要开拓者不过数十人，以普朗克、爱因斯坦、玻尔、海森堡、薛定谔、狄拉克等为最伟大的代表。数十位伟大科学家的思想灵感永远地改变了人类生活的面貌。从量子力学的创立开始，收音机、广播、电视、晶体管、计算器、计算机、互联网、无线通信、智能手机、物联网、大数据、云计算、人工智能……纷至沓来，现代科技以指数级的加速度迅猛重塑了人类的一切。正是科学技术令人叹为观止的加速度进化，才使得像库兹韦尔这样的科学家预言人类很快将迎来真正的奇点。

今天全世界都在谈论人工智能革命或人工智能时代，很多人相信人工智能将是人类正在迎接的下一次最伟大的工业革命，它对人类生活所有方面的影响将超越以往所有工业革命。然而，60年前，人工智能还只是少数几位科学天才头脑里闪现的灵感光芒。1956年，麻省理工学院的著名科学家马文·明斯基和约翰·麦卡锡组织了一次会议，首次提出人工智能的新概念。就是这样一个新的思想基因，经过数十年的进化或演变，终于成为颠覆一切人类生活的汹涌大潮。新思想、新理念和新科学的巨大威力超乎我们所有人的想象。

《新经济学》第五卷将以详细的案例说明以色列和硅谷的创新基因是如何形成以及代代相传的。

经济体系演化的基本规律

生物学和遗传学的重大发现，尤其是对生命起源和生命演化的洞见，对于我们理解人类经济体系的演化有许多深刻的启发意义，原因可能是这两门学科研究的领域皆属动态的、永不停息的、具有无限创造性的生命体系。

演化生物学家和混沌理论家斯图尔特·考夫曼将生命体系演化的核心秘密概括为反混沌。反混沌的核心机制则是自动催化、自我复制、再生、自组织，即所谓无序之有序，从无序之中产生有序。

与之相应，人类经济体系演化的最大秘密也是自动催化、自我复制、再生和自组织。公司和其他各种经济组织正是经济体系演化过程中自组织机制的显著体现，包括货币制度、政治制度以及一切非营利组织在内，皆是经济体系自组织的演化结果。从大历史角度看，各种组织的出现皆有历史的必然性。斯密之"看不见的手"、哈耶克之"自发自在的秩序"、熊彼特之"创造性毁灭"，皆应从"无序中创造有序"的视角来理解。公司制度的本质正是经济体系不断演化的自组织。企业的产生、发展，企业相互之间竞争、合作所产生的新的企业、新的业态、新的商业模式、新的产品和服务，这些就是每天都在发生的经济增长或变迁过程。没有任何理论和数学模型能精确推测（更不用说计算）这个过程的历史细节和最终结果（演化永远是一个过程，没有最终结果）。我们说经济现象从本质上不可预测或无法推测，正是从这个意义上说的。

虽然无法精确计算或推测，但是这种演化的秩序有没有一些一般性的规律呢？答案是肯定的。我们在本卷第一章和第二章所讨论的就是经济体系演化的重要规律。

即使不用任何高深数学模型，仅凭日常观察和历史研究，我们也可以概括出一个不断演化的生命体系（譬如生物体系和经济体系）的许多基本规律或具有规律性的现象。

第一个规律可以命名为"多样性和复杂性规律"，即一个开放、多元、包容的生命体系总是趋于创造出日益丰富的多样性和复杂性。生命体系和经济体系并不是像热力学第二定律所预言的那样，将持续迈向无序或死寂状态，也不是像新古典经济学所预言的那样，将总是迈向所谓稳态的均衡状态。相反，生命体系和经济体系总是不断创造出新秩序，不断创造出新的复杂性和多样性，不断开辟新的演化方向，不断迈向新的生命或生活境界。

第二个规律我们可以命名为"复杂结构规律"，即一个开放、多元、包容的生命体系总是趋于形成多层次的复杂结构。复杂结构和复杂性并不能完全等价。生命体系和经济体系所具有的创造性功能，正是基于系统内部超乎想象的精巧的复杂结构。

人脑、心脏、肝脏、眼睛、内分泌系统等，皆具有异常复杂的精巧结构，科学家至今也没有完全弄清楚这些精巧结构的内部构成。人的想象力、创造力、记忆力；所谓智商和情商；人们借助音乐、文学和所有艺术作品所表达的难以言表、千差万别的情感；人类在超越的宗教、高深的哲学、伟大的科学方面所展现出的令人惊叹的创造力，本身都具有一种内在的复杂结构。譬如，人的记忆力和想象力究竟是脑神经元单独的作用或功能，还是脑和心等多个系统共同作用的结果，科学家至今还没有定论。毫无疑问，人类创造力的复杂结构是最令人着迷的科学问题，也是最令人着迷的哲学问题，更是当今人工智能科学试图回答的首要问题。

经济体系所展示的复杂结构同样超乎想象，经济学者对市场的复杂结构有切身体会和精深研究。仅仅是当今人类货币和金融体系的复杂结构，就让一般研究者望而却步。货币和金融体系所形成的复杂结构让监管者根本无法掌握这个结构什么时候和在什么环节上会出现所谓的"黑天鹅"和"灰犀牛"。人类技术体系所形成的复杂结构更是超出绝大多数人的想象力。农耕时代，任何一位富有经验的农民都能对所有的农业技术了如指掌；信息科技时代，即使是最伟大的科学家、发明家和企业家，对自己专长领域的科技进步和复杂结构恐怕也难以完全掌握，因为这个技术结构每时每刻都处于快速的变化之中。

我们在下文还将专门讨论经济体系的复杂性和复杂结构的各种特征。

第三个规律可以命名为"自组织规律"，即一个开放、多元、包容的生命体系总是具有形成组织或结构的内在动力或机制。本卷第二章已经详细论述了经济体系的自组织机制。

第四个规律可以命名为"临界点规律"，即一个开放、多元、包容的生命体系总是处于有序（动态非均衡）和无序（均衡或死亡）的临界点或临界状态。对一个开放、多元、包容的生命体系而言，生存或死亡就是短暂瞬间的区别或一念之差。

经济体系演化的基本特征：开放、包容和多元

一个开放的生命体系总是趋向于创造日益丰富的多样性。地球生命体系中生物种类不断丰富和复杂的多样性，已经是众所周知的事实。当然，生物学家对多样性的精确定义存在激烈争论，对多样性的创造或产生机制还没有明确的结论。

大约 38 亿年前，地球气温冷却到适合创造生命的程度，地球开始出现

生命的迹象。迄今为止，生物学家已经确认的生物种类超过 800 万种，这并不是准确的估计，因为人类对海洋生物的认识还非常有限。生命时刻都在以它奇妙的魔术和永不枯竭的能量创造着奇迹。从严格意义上说，每一种生物的基因或多或少都不同于它们的父母，实际上它们彼此都是各不相同的生命体。如今地球上生活的人类已经超过 70 亿，那就意味着有 70 多亿不同的生命体，70 多亿具有特异性或独特性的生命个体。得益于分子生物学尤其是基因工程的飞速发展，人类已经能够创造出所谓"人造生命个体"，或许很快能够大规模"人工"创造生物体。生物个体的多样性将发生革命性变化。

人类经济体系是最典型的多样性快速增加或丰富的生命体系。有经济学者估计，1000 年以前，人类经济体系里全部可用于市场交换的产品和服务最多也就 1000 种；今天，全球经济体系每天买卖的产品和服务种类超过 10 亿种。比如，亚马逊和阿里巴巴这种全球性电子商务平台上交易的产品就高达 3 亿多种。全球经济体系每天诞生多少新产品、新服务和新技术，没有人能够准确估算，唯一能够肯定的是，全球市场的新产品、新服务和新技术将越来越多。未来的新科技革命将刺激新产品和新服务呈现爆发性增长。

一个多元、开放、包容的经济体系是最具创新力和创造力的经济体系，这大概是所有经济学者都必然同意或至少无法否认的一个基本常识或历史事实，其实也是经济体系演化的一个最基本的规律。迄今为止，经济学的贸易理论主要是基于自然禀赋的比较优势理论和基于创造性或创新力的战略比较优势理论（战略贸易理论）。贸易促进经济增长正是源自贸易活动所创造的多元、开放和包容的经济体系。

古往今来，经济繁荣之都皆是商贾云集之地，商贾云集之地往往又是地理上四方通衢之都。商贾云集之地汇聚各地不同的语言、文化、思想、技术、商业模式，他们相互刺激、相互学习、相互借鉴，从而创造出全新的文化、思想、技术、产品、服务和商业模式。从威尼斯、热那亚、汉堡、阿姆斯特丹、伦敦，到纽约、巴黎、新加坡、上海、香港，直至今日的美国硅谷和中国深圳，历史上一切经济增长点或最具创新力的地区，必然具有几个最典型的特征：人群多元（往往都是移民城市）、文化包容（多种宗教和文化激荡交融）、制度开放（没有僵化的等级制度）。

美国硅谷、中国深圳和以色列的传奇故事最能彰显开放、多元、包容经济体系的创新活力和无限创造力。自19世纪后期淘金热潮开始，旧金山就是全球最具活力的移民城市之一。旧金山不仅是全球性移民的聚集地，而且是美国人从东部迁移到西部的首选地。全世界所有的文化、思想和宗教信仰都能在旧金山找到栖息和繁荣之所。文化、思想和宗教的开放与包容让旧金山成为全世界新文化、新宗教、叛逆文化或反抗文化的主要发祥地。

20世纪60年代的嬉皮士文化、摇滚文化、反权威文化、性解放运动、禅修或精神修炼等各种稀奇古怪的文化和精神活动皆诞生于旧金山，由此催生了硅谷独特的科技与艺术相互融合、相得益彰、熠熠生辉的创新文化。现代个人计算机就是嬉皮士文化的产物。以乔布斯为代表的硅谷创新奇才，都是嬉皮士文化和反权威文化的狂热追捧者。科技和艺术的结合，科技和文化的结合，多元文化的激荡和碰撞，是全球创新之都硅谷的最显著特征，也是全球其他地方最难以模仿的地方。

以色列成为全球炫目的创新中心之一并不奇怪，因为自古以来，以色列尤其是耶路撒冷地区就是各种宗教和文化相互激荡、碰撞乃至激烈斗争的神圣之地，那是全球独一无二的一个奇特地区。种族的融合、文化的交汇、宗教的激荡、战争的残酷，让耶路撒冷乃至整个以色列充满神秘感。这种神秘感有多重内涵：对上帝的敬畏乃至恐惧，对宇宙人生无限奥秘的好奇和敬畏，对残酷现实人生的迷茫和忧虑，对和平安宁和幸福生活的向往。

以色列是一个自然资源极度缺乏的国家，国土面积的 2/3 是沙漠。它在 20 世纪后期开始崛起成为全球瞩目的创新中心，最关键的因素是来自世界各地的犹太移民所创造的文化和思想相互碰撞和相互融合所激发的创新力。自从 1948 年犹太复国以来，以色列经历了多次大规模的移民浪潮，最大的一次是东欧剧变和苏联解体之后，大批犹太人从苏联和东欧来到以色列。移民天然具有强烈的生存意识，他们渴望成功，他们从世界各地带来的文化、思想、生活和商业模式在这里相互碰撞和激荡，必然催生了源源不断的创新。

深圳被称为"中国的硅谷"。深圳的迅猛崛起是现代人类经济发展史上的一个奇迹。当 1979 年邓小平"在中国的南海边画了一个圈"时，深圳是一个常住人口 2 万人的小渔村；40 年之后，深圳已经发展为常住人口超过千万的世界大都市，诞生出以华为、腾讯、万科等为代表的一大批中国乃至世界极具创新力的企业。深圳没有任何资源优势，它的奇迹主要来自一个开放、多元、包容的市场经济体系。与中国绝大多数地区相比，深圳的政府干预可能是较小的，官员的思维可能是较开明和务实的，深圳的市场经济氛围也是较浓厚的。华为、腾讯、万科等著名企业就是市场内生创造出来的。深圳是一个开放、多元、包容的经济体系创造出来的惊人奇迹，也是改革开放政策最令人心动的成功范例之一。

经济演化的复杂结构定律

一个开放、多元、包容的生命体系必然形成多层次的复杂结构。该复杂结构具有如下含义：其一，构成生命体系的成分总是趋向多样性（前面阐述的多样性规律）；其二，每一个构成部分都会形成自己特有的结构，并且长期或永远存在。

低等生物有可能进化为高等生物，高等生物的出现却并不会消灭低等生物。高等生物的出现不仅不会影响低等生物的生存，反而有助于低等生物的生存。

经济体系同样展示了这个基本特征或规律。无论先进的科技创造出多么炫酷的产品和服务，人类古老相传的许多产品和服务都依然存在；无论出现多么巨大的跨国公司，都永远不能取代或消灭街头巷尾的小型家族企业、合伙制企业、杂货店或小作坊。相反，许多这样的小企业正因为大公司所创造的科技、产品和服务而更加繁荣；当然，必然有另外一些中小企业因此消亡。人们总是担心甚至谴责诸如亚马逊和阿里巴巴这样的电商"巨无霸"会大批量地消灭实体零售店，这种担心和谴责不无道理，但是，它们在大批量消灭小型实体零售店的同时，必然创造出大批新的小企业。据不完全统计，"寄生"于苹果、谷歌、阿里巴巴、腾讯这些庞然大物身上的中小企业多达数万家乃至数十万家，没有人能够准确估算"寄生"于任何一个跨国企业的中小企业数量究竟有多少。

复杂结构规律从根本上推翻了新古典经济学所谓的完全竞争均衡。根据新古典经济学的完全竞争均衡模型（所谓阿罗-德布鲁模式），经济体系必然趋向于一种"每个市场参与者都一模一样"的原子式均衡状态。一旦出现差异或垄断，经济体系就偏离了所谓的帕累托最优状态。易言之，依照新古典经济学的基本理论，唯有"每个市场参与者都一模一样"才能实现帕累托最优，这是整个经济体系能够实现的唯一的均衡状态，也是最优均衡状态。

经济学者如获至宝，他们以此为基准来谴责一切偏离唯一均衡状态的情形。在新古典经济学者的思维里，垄断、寡占、特异性都是无效率或有福利损失的均衡状态，需要政府"看得见的手"来纠正。显然，日常生活的简单事实无情地颠覆了这种乌托邦理论。经济体系不仅从来没有趋于某个唯一的均衡状态，而且从来不会趋于"每个市场参与者都一模一样"的均衡状态。差异化、多样性、特异性、复杂结构才是经济体系的常态。

当然，新古典经济学家以如下论断为自己辩护：我们所说的只是一个基准或理想状态，剩下的任务就是发现或解释为什么经济体系并没有达到这个唯一的均衡状态。然而，以这样的思维视角考察经济体系，恰恰将经济体系的基本问题忽视或颠倒了。考察经济体系并非是为了寻找或发现它为什么偏离或没有实现那个所谓理想的唯一均衡状态，而是要寻找或解释经济体系动态演化所形成的特殊复杂结构。

人类经济体系的最佳类比不是牛顿力学意义上的机械体系，而是达尔文和德日进意义上的生命体系。今日人类经济体系的复杂程度，与古代或数百年前的经济体系早已不可同日而语。经济体系的复杂性如何量度？经济体系的复杂性因何而起？经济体系的复杂性演化的核心动力是什么？这才是经济学者应该致力于回答的问题。

所谓经济体系的复杂性或复杂结构，至少有如下几个含义。

其一，经济体系的分工程度日益精细，精细到令人难以置信的地步。今日任何人每时每刻需求的满足，皆非自己能够生产、供应，它们来自世界每个角落，我们甚至根本不知道生产者或供应者是谁。每一项服务和产品，又由无数零部件供应商、物流提供者、各种商业网络通力合作，方才到达消费者手中。每个零部件又由众多供应商合力生产。以今日最流行的产品智能手机为例，一部智能手机所包含的零部件和技术专利多达数千项，来自世界数百家公司和无数个人之间的合作。今日人类经济体系分工之细密，远非 18 世纪的亚当·斯密所能想象。

其二，经济体系的网络化程度超乎任何人的想象。以今日最热门的网络商业或电子商务为例，它早已是一个全球网络。亚马逊、阿里巴巴等电子商务平台，实际上早就是一个全球性平台，世界上任何角落的产品和服务皆能够通过这些网络来买卖。产自四川大熊猫家乡雅安山区的猕猴桃能够通过阿里巴巴平台销售到遥远的美国和南美洲；世界屋脊西藏的人民能够轻而易举地购买到来自非洲的特色产品；南美洲亚马孙森林的木材产品通过电子商务平台和跨越半个多地球的物流网络，送达每个客户手中。庞大的全球电子商务网络里又嵌套着无数细分的商业网络，每个商业网络里面又有更细分的产品和服务平台。全球网络嵌套着地区或国别网络，国别网络嵌套着行业网络，行业网络嵌套着具体的企业和产品网络，如此一个网络嵌套着一个网络，形成无限细分的商业网络体系。纵向看，它是一个层层相互嵌套的体系，每时每刻都有新的层级产生、加入或退出；横向看，它是一个无远弗届的网络，有些网络覆盖全球，有些网络覆盖全国，有些网络覆盖一个社区。如今线上线下完全连通，线上的网络和线下的实体商业网络连为一体。信息流、产品流、服务流、资金流贯通其中，川流不息，日夜不停，这是一个无缝对接的全球商业和经济体系。它竟然能够高效运转，可见网络化程度乃是经济体系复杂性程度的一个重要量度。

其三，人类经济体系里所有参与者之间的互动方式和手段已经成为一个边际成本为零的状态，所有参与者之间已经基本实现零成本的交流和合作。数之不尽的网络社交平台，诸如脸书、微信、领英等，将全球绝大多数人无缝对接起来。人们拿着智能手机，在全球任何地方和任何时间都可以和自己的合作伙伴（客户）实现实时交流和谈判。新的商业模式、新的产品、新的服务、新的激励机制、新的合约、新的公司随时随地都在涌现、进入、死亡或退出。没有人能够预测哪个公司会成功存活10年还是20年，也可能一年之内就会销声匿迹。几年前默默无闻的新创企业在数年之内就会迅速崛起为全球性巨头，如谷歌、脸书、阿里巴巴、腾讯、特斯拉等；曾经不可一世的商业王国可能在一夜之间分崩离析，如雷曼兄弟、美林证券、AIG等。创造性毁灭的速度如此之快，即使是那些长期密切观察人类经济体系演化的人也觉得眼花缭乱。

其四，人类经济体系的复杂性还在于整个经济体系内的各个参与者之间的共生共存、相互依赖的关系。这种相互依赖和共生共存的关系真正是无穷无尽，无限多样，这既是创造的本质，也是演化的本质。生物学家很早就提出了"共同进化"的概念以描述生物界各个生物之间的共生共存和相互依赖，很可惜经济学者却没有将共同进化的理念真正融入我们对经济体系演化的理解中来，也没有从演化的角度去考察和分析经济增长的本质，更没有从共同进化的角度去理解经济体系不断增长的复杂性。谷歌、苹果、微软、亚马逊、脸书、阿里巴巴、腾讯、京东等企业，经常声称它们为数万、数十万、数百万乃至数千万人创造了就业机会，直接或间接刺激了数万乃至数十万中小企业的诞生和增长。它们所言非虚。一个居于产业和服务链最上游的巨型企业或跨国公司，既好比森林里的一棵参天大树，又好比动物世界里大象或牦牛一般的庞然大物，总有无数的寄生生物寄生在它们身上。这里的寄生生物没有任何贬损的意义。如果我们换一个角度，无论如何巨大的生物或者组织，它们同样也都是寄生生物，因为离开那些在它们身上的寄生生物，它们同样无法存活下去。

生物学家已经发现无数例证，证明动物身上或植物身上的寄生生物是动物或植物生长甚至存活下去绝对不可或缺的要素。离开了这些寄生生物，再不可一世的动物或植物都会死亡。

同样的道理，如果离开了千千万万的淘宝商店、无数借助网络营销的实体店、数十万的物流队伍或快递员、众多的分销商或批发商，像亚马逊和阿里巴巴这样的巨头也绝不可能生存下去。离开了那些通宵达旦开发各种稀奇古怪游戏和应用软件的中小企业或各种极客，像脸书和腾讯这样的企业也不可能规模发展得如此巨大。换句话说，伟大的企业尤其是居于产业链最上游或居于产业圈最核心位置的企业，催生或衍生出一个庞大的产业圈或产业链，无数企业随之应运而生。像通用、福特、大众、丰田等这样世界级的汽车制造商，不知道催生出多少家汽车配件生产商、供应商、专卖店、修理店、洗车行、保养店等。

像苹果这样的智能手机发明者（严格地讲，苹果公司只是智能手机的发明者和设计者），不知道催生出多少个手机整机和配件的生产商、供应商、专卖店、修理店，以及数之不尽的相关产品和服务。App Store（苹果应用商店）绝对是一个天才的发明，是商业历史上的一个奇迹，仅此一项就足以显示乔布斯及其团队的非凡创造力。App Store 为全世界无数软件应用天才搭起一个无限广阔的舞台，多少人因此才华得以尽情挥洒，并发家致富。有些基于苹果智能手机开发出来的应用软件已经发展成为巨大的产品和服务，腾讯的微信就是如此。

从这个意义上来看，一个新产业或新产业的领袖企业的伟大作用，为产业和经济的演化提供了新的催化剂和聚合点。它们就像核裂变链式反应里的那个"核"，一旦引爆，就会快速创造出一个庞大无比的产业圈或产业链。同时，数之不尽的中小企业开始寄生到大企业的产业圈或产业链里面，分享产业圈或产业链共同聚合所创造的巨大经济价值。它们有些干脆被核心企业吞噬掉（被收购或兼并），成为核心企业内部的一个组成部分；有些独立发展，甚至摸索出完全新的产业发展方向，从而创造出一个产业圈或产业链。产业历史上这样的例子不胜枚举，这才是经济增长和经济体系演化的本质特征。实际上，我们很难说谁是寄生生物，谁是主人或主体。正确的说法是，它们是共生共存、相互依赖的一个生命体系或生态体系，是一个共生体。共生体或共同演化是市场经济的本质，也是今天所谓分享经济或平台经济的本质，是一切生命体系或生态体系的本质。

相互进化过程并不是局限于两个参与者之间的相互进化，往往是多个参与者甚至是无数个参与者之间的相互作用。产业链就像生物链或食物链一样，产业圈就像生物圈一样。产业链有高、中、低端之差别，正如生物链有上下游之别。生物链有所谓"大鱼吃小鱼，小鱼吃虾米"的食物链，低端的生物为高端的生物提供食物或营养；同样，产业链也有收入、利润和成本分担或分享比例的不同，位居产业链顶端，即拥有核心专利技术和著名名牌的企业，通常都有许许多多生产商和供应商为之服务。这些大大小小供应商和生产商所获得的利润可能只是产业链顶端企业所获利润的百分之一甚至万分之一。

以苹果公司为例，苹果公司本质上是一个智能手机的发明者和设计者，全球多达数千家生产商和供应商为之提供零配件及其整机生产和销售服务。苹果公司巅峰时期的年度净利润超过 500 亿美元，曾经创造过一个季度净利润超过 200 亿美元的商业奇迹，其众多生产商和供应商所获利润则不过数亿美元或数千万美元。根据产业专家的计算，一部批发价 500 美元的苹果手机，苹果公司拿走 161 美元，全球经销商拿走 160 美元，专利和零配件供应商拿走 172.5 美元，主机组装企业（如富士康）只赚得 6.5 美元的加工组装费。这就是为什么跃居产业链的最高端成为全球无数企业家梦寐以求的目标。

产业圈的概念则比产业链的概念范围要大得多。如果说产业链还勉强能够定义，那么一个产业圈其实是完全无法定义的。产业圈当然是以某些企业为核心、标志或龙头，但是如果深入分析，我们很难说清楚哪个企业或哪几个企业是一个产业圈的真正核心、标志或龙头。以全世界最著名的科技产业圈硅谷为例，从 20 世纪 30 年代算起，人们公认硅谷的标志性企业分别有惠普、仙童半导体、英特尔、苹果、谷歌、脸书、特斯拉等，围绕这些著名企业形成了庞大的产业链和产业圈，它们孵化、培育和刺激出许许多多产业内的相关企业。我们可以说，硅谷的庞大科技产业圈就是围绕这些企业产生或创造出来的。然而，这些企业之所以诞生，又是因为它们为了适应当时的市场需要或者为了服务当时居于产业领导地位的企业。

一个原本寄生于其他大企业产业链或产业圈的初创企业，几年时间里迅速崛起成为知名大企业，自立门户成为新的产业链或产业圈的核心和标志。从这个意义上说，我们只能从分布式网络或去中心网络的视角去理解产业圈。产业圈其实是一个去中心化的网络式结构，无数企业互为中心，都是庞大网络圈里面的一个节点。

互联网的世界里，我们很难说哪个节点更重要，或者哪个节点是中心，任何一个节点消失掉，网络依然可以顺利平稳地运转。无论多么巨大的企业轰然垮台，对整个商业网络的影响都可以忽略不计。当然，巨型公司的倒闭往往会吸引媒体的眼球，成为新闻的焦点。雷曼兄弟、美林证券、AIG 或关门，或被收购，华尔街不是照样运转良好吗？即使今天苹果、微软、谷歌突然之间全部倒闭，全球高科技和整体经济可能会一片哗然甚至惊慌失措，不过用不了多长时间，全球经济也会忘掉这些曾经如雷贯耳的名字，生态体系照样天天演化，这就是网络式经济生态体系的巨大威力。所以，任何伟大的企业家都不要狂妄自大到相信地球离开他就要停止运转，这就是网络式经济或分布式网络经济生态体系的自我修复、自我平衡能力。

从相互进化的角度看公司或企业组织的演变，科斯的企业理论确实错了，至少它没有真正抓住企业的本质。科斯说企业是对市场的替代，其实企业本身就是市场的一个组成部分，是庞大市场网络的一个节点，企业内部（尤其是庞大企业内部）本身也是一个市场交换的网络。相比而言，张五常说企业无边界可言，这倒是对的。从分布式网络视角看公司和企业组织，企业确实找不到一个边界。公司的边界在哪里呢？公司或企业只能说有一个法律意义上的边界或财务意义上的边界，当然这个边界也是人为定义的或者是非常模糊的。譬如，今天许多国家的公司法规定，一个企业的控股企业达到一定比例要合并报表。这种合并报表的规定本身就是武断或随机的。法律上看似独立的两家公司却一直在分享市场、客户、技术、收入、利润甚至管理能力，它们到底是一家企业还是两家企业？从法律上看是两家企业，从商业本质上看，则可以说是一家企业，或者说我们找不到它们为不同企业的边界在哪里。

从演化的视角看公司的本质

公司是人类经济生态体系的新物种。虽然经济史学者认为，12世纪威尼斯和热那亚的远洋贸易团体和国债持有人团体已经具有公司的组织形式，但是世界上第一家真正意义上的公司直到1599年才创立，那就是著名的荷兰东印度公司。随后一个世纪内，全世界相继出现了诸如荷兰西印度公司、英国东印度公司、法国密西西比公司等主要从事远洋特许贸易和殖民掠夺的公司。1856 年，英国才颁布了世界上第一部单行公司法——《合众公司法》。到 1908 年，英国颁布了世界上第一部统一的公司法。

然而，从人类经济体系的演化历史来看，公司却是演化速度最快的"新物种"。今天，人类几乎全部的经济活动都是通过公司这种组织来实施，因此早就有学者将今天人类社会定义为"公司社会"（corporate society），将今天的人类命名为"公司人"（corporate men）。我们所谓全球化的主要载体就是跨国公司。跨国公司是全球贸易、跨国投资和技术转让的主要实施者，它们完成了全球贸易、跨国投资和技术转让的 2/3 以上。今天，国与国之间的竞争主要是公司之间的竞争，国家的繁荣昌盛主要取决于公司的繁荣昌盛。

那么，公司这种经济新物种为何演化得如此之快？它如何演化成为一种统治整个人类经济体系的物种？它的真正本质究竟是什么？

凯文·凯利如此写道："近来复杂性理论的研究人士也已意识到，任何活系统：经济体、自然生态系统、复杂的计算机模拟系统、免疫系统，以及共同进化系统，都具有摇摇欲坠的显著特征。当它们保持着埃舍尔式①的平衡态——处在总在下行却永远未曾降低过的状态时，都具有那种似是而非的最佳特征——在塌落中平衡。"②

公司以及其他经济组织和整个经济体系就是一个典型的具有生命演化

---

① 埃舍尔（M.C.Escher，1898—1972）：荷兰著名艺术家，他以在画面上营造"一个不可能的世界"而著称。在他的作品里展示了深广的数学哲理。一些自相缠绕的怪圈、一段永远走不完的楼梯或者两个不同视角所看到的两种场景产生出悖论、幻觉甚至哲学意义。

② 凯文·凯利.失控：全人类的最终命运和结局 [M].张行舟，陈新武，王钦，等，译.北京：电子工业出版社，2016：123.

特征的活系统。活系统的显著特征是持久的非均衡态，是一种远离平衡态的动态体系或耗散结构。

经济学发展数百年之久，没有摆脱斯密"看不见的手"理念之羁绊，对公司和所有经济组织的认识一直不够深入。斯密认为"看不见的手"是市场的本质，是资源配置的核心机制，这石破天惊的见解为后世经济学立定宏基。经济学者数百年主要致力于讨论市场和价格，对公司和其他经济组织的认识则大体局限于所谓市场的替代方式或替代机制。从人的无限创造性的视角来考察公司和其他经济组织，我们立刻就能看到，公司的本质并不仅仅是市场的替代机制。

20世纪初期，奈特、科斯等人就是从市场与计划区分的视角来观察经济和公司（企业）组织，以计划和市场的区分为公司和企业组织划定边界。他们认为市场由"看不见的手"来指导运作，公司则以"看得见的手"来指导运作。科斯将企业看作市场替代物的企业理论，其灵感源泉有两个：一是科斯自己考察美国企业内部纵向和横向整合所受到的启发；二是计划体制将整个苏联变成一个庞大公司，这是公司替代市场的极端例子。科斯由此看出公司确实能够取代市场，甚至完全取代市场。

20世纪70年代，哈佛商学院伟大的企业史学家小艾尔弗雷德·D.钱德勒出版《看得见的手》，系统研究了美国19世纪后期大公司制度和管理资本主义的兴起，基本理念则来自科斯那篇著名的文章《企业的本质》。钱德勒的辉煌巨著所引用的经济学者，唯科斯一人，足见科斯那篇宏文巨大的启发力，也足见"看不见的手"和"看得见的手"的边界，对经济学和管理学思想影响至深至远。

奈特和科斯之后，经济学者大体分为两派：一派致力于探索"看不见的手"的各种奥秘，如不对称信息理论、博弈理论、配对理论、交易费用和合约选择理论等，文献广博，浩如烟海；另一派则致力于探索"看得见的手"的各种机制，如企业治理理论、激励机制设计理论、企业科层结构理论、剩余索取权理论等，演变繁复，时有高论。

时至今日，仍有许多经济学沉迷于所谓计划和市场边界之谜、所谓政府和市场边界之谜。学术演变的历程，盖由一两位天才大师所决定，所谓路径依赖，于斯为盛。经济学者至今不能跳出斯密"看不见的手"的窠臼。

须知，移步换景，境自不同；登高望远，别有天地。从创造性和生命共同进化的视角来观察市场和公司乃至整体经济体系，市场实则是一个包罗万象的分布式网络结构，公司或企业只是其中一分子或一个节点，每个参与者既是供应者又是需求者，所有参与者或网络节点皆是共同进化这个大生态圈（大熔炉）的一个元素。它们之间相互作用、互为因果，孰重孰轻，谁得而知？

"看不见的手"的价格机制也只是市场机制的一分子，所谓均衡价格则根本就不是市场的机制，它们是经济学者臆想的市场机制。价格机制也不是市场演化机制最重要的组成部分，真正重要的市场演化机制是创造、发现、探索、寄生、依赖、合作、共同进化、自组织、远离平衡态的耗散结构。

市场、产业圈、产业链、整体经济生态体系，原本就是一回事，它们本来就是无缝联系或纠缠在一起的。因此，培育一个真正繁荣昌盛的市场、产业圈、产业链和经济生态体系，绝非取消价格管制那么简单。没有或取消价格管制只是一个基本前提，真正关键的是如何激发每个市场参与者的创造力，激励他们去探索、去发现，为他们营造最佳的创造和发现的氛围或文化。

作为一个持续演化的生命体系的全球经济

经济体系就是一个生态体系、生命体系、有机体系。人类经济体系从本质上说，就是包含一切动植物和全部地球物质结构的整个生态体系，并非是单由人类自身所构成的人类经济体系。正如美国有线电视新闻网（CNN）为自然保护基金播放的广告片所说的那样："自然不需要人类，人类却离不开自然。"当然，从詹姆斯·洛夫洛克提出的"盖亚假说"来看，这句广告词并不准确，因为自然从某种意义上也需要人类。如果没有人类这种特殊的动物在地球上生存繁衍，发明各种科技与自然对话和交流，地球上的动植物系统肯定会和现在的不同。

洛夫洛克提出的盖亚假说是一个奇特的学说，这个名称来自古希腊神话的大地之神盖亚。[①]其基本理念是，地球上有机生命体通过影响自然环境，使之更适宜于生存，地球的居留生命与其居住环境相互匹配为一个单一的、自动调节的系统。这个系统包括临近地表的岩石、土壤以及大气。从一般均衡的角度看，盖亚假说肯定具有相当的解释力和启发力，一切动植物包括人类都是从巨大的"盖亚"生态体系或生命体系里逐渐演化和突变出来的。在漫长的历史长河中，新物种不断产生，旧物种不断灭亡，庞大的"盖亚"系统始终处于动态的非均衡状态。生态学家早就得出一个极其重要的结论："均衡就是死亡。"经济学者提出的"静态均衡"概念，从生态体系的角度看，均衡不仅是静态，而且是停滞或死亡。顾名思义，动态就是不均衡，没有所谓的动态均衡。

借用盖亚假说，我们可以将全球经济体系设想为一个整体经济体系。

---

① 凯文·凯利.失控：全人类的最终命运和结局 [M].张行舟，陈新武，王钦，等，译.北京：电子工业出版社，2016：129.

被誉为"欧元之父"、现代国际宏观经济学奠基人的蒙代尔说："真正的封闭经济体系只有一个，那就是全球整体经济体系。"货物流、服务流、资金流、技术流、信息流、人员流是我们通常所理解的全球化的主要渠道。

推动全球化更重要的力量则是技术进步。技术进步时刻改变着全球产业链和产业分工体系，全球企业家和经营者相互学习和借鉴商业模式，相互模仿，在模仿的基础上继续创新。人类经济进入互联网时代之后，任何新科学、新产品、新服务、新商业模式、新的消费体验皆能够以光速瞬间传遍全球。全球消费者的消费模式（至少在信息消费领域）具有惊人的相似性，呈现出一种惊人的趋同趋势。像麦当劳、肯德基、星巴克等遍及全球的连锁饮食企业，某种程度上塑造了全球消费者的消费习惯；迪士尼等主题公园塑造着一代又一代人的娱乐习惯和口味；沃尔玛等超级购物中心则塑造了（或曾经极大地塑造了）全球消费者的购物习惯；苹果公司和其他著名商业巨头每次发布新产品和新科技，都会成为一个全球性事件，迅速为全球消费者知晓。

脸书、腾讯等社交媒体巨头很大程度上改变了人们的社交模式；推特、微博等改变了人们传输和交流思想的模式；自媒体的风起云涌重新定义了媒体；亚马逊、阿里巴巴等电商平台则改变了无数人的购物习惯和消费模式。以区块链为代表的金融科技正在飞速改变人类的金融支付和交易模式，互联网和无线通信早已将全球金融市场连接到一起，纽约、伦敦、法兰克福、香港、上海、东京等城市早已形成一个无缝对接的完整体系。任何市场的风吹草动都会影响其他市场的价格和交易，甚至触发恐慌和危机。全球主要中央银行的货币政策已经紧密联系在一起。美联储、欧洲央行和中国人民银行等全球主要中央银行的一举一动不仅能对全球所有金融市场产生瞬间的冲击，而且也会极大地影响其他中央银行的政策行动。毫无疑问，互联网已经并将继续塑造一个真正"盖亚"式的庞大全球经济体系。

从生态体系的角度看，全球化或全球经济体系更重要的渠道或许是人类经济活动所带来的整个地球生态体系的变化，特别是温室气体效应所导致的全球变暖、海平面上升、动植物的消亡、新型病毒和细菌的诞生、新型疾病的产生和传播等。这种深层次的变化往往不为普通消费者，甚至经济学家重视，却可能是人类经济体系所发生的最重要的变化。

我们今天确实需要一个真正的"盖亚"式的全球经济模型，将人类和自然所共同构成的生态体系作为一个整体来加以研究和评估。我们需要将人类和自然相互影响的关键渠道和关键变量仔细考察清楚，尽可能给出准确的定义，找出它们之间的内在联系，以此模型为基础来预测地球经济生态体系的变动趋势。

除了人类之外的动植物和地球物质结构所构成的盖亚生态体系，其中的参与者是否具有"自由意志"，是否试图按照其主观意图来改造生态体系，实现某种特定目标，我们不得而知。因为哲学家和科学家关于动植物是否具有自由意志，意见并不统一。

生态学家早已证明：生态圈具有自我管理的特征。正如沃尔纳德斯基（Vladimir Vernadsky, 1963—1945）所说："生物体呈现出一种自我管理的特性。"生态体系所具有的自我管理、自我控制、自组织、自我修复、相互进化、相互学习等机制，是意味着无数的参与者具有自我意识和自由意志，还是无数并不具备自由意志和自我意识的参与者所构成的复杂体系必然具有一种自我意识的特征，这个问题的答案显然具有重要意义。

人类具有自我意识和自由意志（至少我们人类自己认为如此）。自我意识和自由意志意味着人类具有独特的价值判断和生活（生命存在）的方向感。人类会为自己确定一个目标，并为了实现这个目标去创造一切需要的手段或工具。动植物是否具有如此的自我意识和自由意志，我们无从肯定（绝大多数人会理所当然地认为没有）。

具有自我意识和自由意志的人类加入整个地球的"盖亚"大系统，立刻产生了几个重大问题。其一，人类所具有的自我意识和自由意志是否意味着人类能够按照自己的意图或目标来根本性改变地球生态体系。假若如此，人类就确实需要一个可以操作的地球生态体系模型，以便指导自己的"改造"计划或行动，以确保生态体系正常演化，至少可以防止生态体系被毁灭。其二，尽管人类具有自我意识和自由意志，能够为自己确定目标，并为实现这个目标去创造一切手段和工具，但人类依然无法改变地球生态体系的演化规律。人类无论如何伟大，都只能是地球生态体系里微不足道的一分子，他们的自我意识和自由意志完全被地球生态体系那无与伦比的复杂性和内在规律彻底淹没。

经济体系的演化和人类经济体系演化的终极规律

人的本心或义理之性能自我立法、自定方向，此乃生命的最大秘密。虽然实证科学无法解释，但它确实是宇宙生命的最大秘密。

正是人的本心或义理之性所具有的自我立法、自定方向（康德所说的自由意志）的无限创造性，突破了熵增的自然趋势或自然规律，迸发出无限的生命活力，创造出无限可能。

古往今来一切人间奇迹皆由人的创造性本心创造，这才是真正的熵减，唯有熵减方能对抗自然物质世界所必然具备的熵增趋势，焕发出无限的生命活力和创造力。个人如此，民族如此，国家如此，组织如此，一切生命体（动植物）皆如此。

熵增表现为生命活力或意志力的衰退，表现为个人精神和力量的怠惰、萎靡、无所作为、自暴自弃，表现为民族集体精神意志、战斗力和意志力的衰竭和丧失，表现为一个国家或组织创新和创造动力的衰竭和丧失。

一个人，一个公司，一个民族，一个国家，当其兴旺发达、朝气蓬勃之时，必然是拥有高远的理想、新锐的思想、活泼的精神、顽强的意志和超越的战斗力之时；当其日渐衰落、暮气沉沉、行将死亡之时，必定是意志衰竭、思想僵化、精神萎靡之时。

纵观历史，凡是国家兴旺发达的时期，必然是一个所有领域英雄辈出的时代，举凡哲学、宗教、艺术、科学、商业、工程等各个领域，群星灿烂，天才云集，共同创造出一个民族和一个国家最具创造力和创新活力的伟大时代。

是谁点燃了一个人或一个民族惊人的创造热情和创新活力？又是谁逐渐熄灭一个人和一个民族的创造活力和创新动力？熵增（正熵）和熵减（负熵）的此消彼长，决定了一个人、一个公司、一个民族、一个国家的生命周期。

人的创造性本心或者生命内在具有的创造性本质，就是演化生物学家斯图尔特·考夫曼毕生努力希望发现的那个"神圣"，就是薛定谔所说的"负熵"，即一切个人、组织、民族、国家兴旺发达之谜，熵增则是一切个人、组织、民族、国家衰败灭亡之谜。熵增和熵减之循环往复、此消彼长决定了宇宙、自然和人类社会的周期律。认识这个周期律，是一切学问的最高目标。

经济学和西方学术传统下所发展出来的全部社会科学，其基本缺陷是没有充分正视和重视人的本性（本心）或义理之性所内在具有的无限创造性，而只以人的感性机能或本能来解释人类行为或人类社会的无限丰富的现象，所以经济学和一切社会科学的解释能力差强人意。

新古典经济学将"自私"标举为人的本质，以决定人的行为方向，这是新古典经济学学术思想的典型传统。自私假设演变为功利主义的效用最大化和利润最大化，成为经济学的基本范式，却只能解释人的经济行为和人类经济现象的极小部分，甚至是最不重要的一部分。人类真正的创造性和创新活力才是决定人类社会演化历程的关键力量，所谓自私和效用最大化根本无法解释人的创造性和无限创新之可能。

奈特的名著《风险、不确定性与利润》，也只是将企业家的创造性归结于某种特殊的"承担风险"的才能或意愿。

熊彼特将创新和创造性毁灭置于资本主义经济体系动态演化的核心位置，其高远深刻的洞见超越了效用最大化论者的好几个层面。然而熊彼特也只是将创新和创造性毁灭看作是某些特殊人才所具有的特殊才能，并不具有普遍性和一般性。既然如此，人类经济和社会的演化就成为漫无目标的随机过程，因为企业家的才能和精神是一种没有超越和现实根源的特殊才能。谁拥有创新和创造性毁灭的企业家才能呢？谁拥有敢于承担风险和不确定性的企业家才能呢？对此重大问题，奈特和熊彼特没有给出任何超越的和现实的解释和说明。那么人类社会和人类每一个人的创造和创新才能就失去了超越的和现实的根据和根源，人类社会的演化自然就失去了超越的规律，经济学和社会科学也就失去了最基本的解释力，因为我们不能从人的本性的根源处找到人类社会不断演化的原动力，我们又如何能够预知人类的未来并能够为人类的不断精进指明一个正确的方向呢？

将人的经济行为和一切经济现象归结于人性的自私、效用最大化、利润最大化的本能动机，将创造性和创新归结于一种漫无目的和随机的才能，我们既不能发现人类社会现象的现实规律，更无法发现人类社会演化的超越规律和超越根源。整个经济学和社会科学就失去了最坚实的基础。用斯图尔特·考夫曼的话来说，我们人类需要重新发现那个决定生命起源和进化的"神圣"秘密。考夫曼认为这个"神圣"的秘密就是生命本身所具有的"永无止境的创造性"。我则更进一步，直接将人心内在具有的无限创造性作为经济学和一切社会科学（其实也包括自然科学）的最终基础。

康德《实践理性批判》一书已经将西方学术传统的重大缺陷说得非常清楚了，一切材质的实践规律皆把意志的决定原则置于较低级的欲望机能中，而如果真没有意志之纯粹的形式的法则适合于决定意志，则我们决不能承认有任何高级的欲望机能。

康德所说的"一切材质的实践规律"实际上类似或等同于我们通常所讲的客观规律。一讲到客观规律，仿佛人只能被动地服从或者说人类没有能力克服或超越这种规律力量的限制。实际上，人们掌握客观规律之后，就能够利用客观规律超越其限制，以达到人的主观目标或理想。譬如牛顿万有引力定律是著名的客观规律，然而人类运用此规律却能够克服引力的约束，实现太空飞行。经济学家所发现的比较优势定理是一个客观规律，然而人类却能够超越自然决定的比较优势，创造出人为的比较优势。易言之，人类生活绝非被动服从所谓客观规律，而是以主观能动性和创造性来运用客观规律，让客观规律为人类的理想和目标服务。

第九章

经济体系里最重要的信息

经济学的本质是研究经济体系的信息

现代生物学的重要发现是：有机体系或生命体系演化的核心机制是信息的产生或传输，即遗传信息的产生、变异和传递。

经济体系是一个有机体系，那么，在人类经济体系的进化过程里，最重要的信息是什么呢？最重要的信息创造和传递机制又是什么呢？

本质上，经济学就是研究经济体系中信息的产生、传导和功能。经济学者对信息的研究有三个重要方向。

其一，研究市场价格信息的各种表现形式、形成机理及其对资源配置的作用。这一重要研究领域是经济学者的老本行或看家本领。有趣的课题包括：市场上数之不尽的寻价或讨价还价行为，价格歧视所刺激的价格搜寻行为，商家互相欺瞒或刻意隐藏信息引发的各种交易对策，等等。张五常教授的《经济解释》对此类课题的研究贡献良多。

其二，研究市场上信息不对称所引发的各种制度安排和交易机制，诸如道德风险和逆向选择概念，效率工资假设，等等，皆源自信息不对称。

其三，研究知识和信息的社会运用。这是由哈耶克1946年的著名文章《知识在社会中的运用》所刺激出的重要课题。

价格信息是经济体系里最重要的信息之一，从斯密发现"看不见的手"开始，经济学者的看家本领就是研究价格信息或价格机制。主要问题只有两个：价格究竟传递的是什么信息？价格信息本身又是如何产生的？

无论是古典经济学、新古典经济学还是奥地利经济学派，对价格机制或价格信息的观点皆大同小异。譬如，奥地利经济学派宗师米塞斯在其主要著作《人的行动》里就说："消费者最终决定的不仅仅是消费品的价格，而是所有生产要素的价格，他们还决定市场经济中每一成员的收入。"

奥地利经济学派和新古典经济学派对经济体系许多方面的观点虽然针锋相对，但对价格信号及其作用的认识却非常一致。萨缪尔森和弗里德曼是 20 世纪美国经济学领域最著名的两位宗师，他们的许多经济观点水火不容，却异口同声称赞价格信号或价格机制的极端重要性。他们二人多次阐述价格信息的重要性，以为经济体系里最重要的三个决策——生产什么、生产多少、为谁生产——皆由价格信息或价格机制来决定。

易言之，经济体系里的生产、交换、分配和消费问题皆由价格信息或价格机制来指导。张五常继承马歇尔和弗里德曼的实证经济学传统，将经济学的全部原理统一为需求定律，其关键理念就是局限条件的转变。局限条件其实就是价格信息的另一个说法，一切局限条件皆可转化为价格信息。价格、代价、成本、局限条件等，皆是同一事物的不同说法。将经济学统一于需求定律，确实是高明之见。然而，前述基本问题依然存在：价格究竟传递的是什么信息？价格信息本身又是如何产生的？

依照新古典经济学标准的一般均衡模型，给定生产者的要素禀赋（预算约束），给定生产技术（通常被处理为外部因素），以及给定科布—道格拉斯式的齐次生产函数（或其他类型的生产函数），那么生产者的供给函数或曲线就随之确定，即所谓生产可能性边界就能被确定。如果给定消费者的预算约束、效用偏好和效用函数，那么消费者的需求函数或曲线就随之确定。供给函数和需求函数一旦确定，二者的均衡点就确定了均衡价格、均衡供给量和需求量。

简言之，价格信息或信号就是由供求双方的上述变量完全确定的，价格信号一旦确定，反过来又会影响生产者和消费者的生产行为和需求行为，直至市场完全出清或均衡为止。

反过来说，价格信号或信息所反映的，包括生产者要素禀赋、生产技术、生产函数、消费者效用偏好、效用函数和预算约束等，这些变量不仅共同决定了所有消费品的价格，而且决定了所有生产要素的价格。生产要素的价格一方面反映或决定了所有生产要素的稀缺性，另一方面又反映或决定了所有要素所有者的收入。这就是为什么新古典经济学者深信价格信号能够决定"生产什么、生产多少、为谁生产"的决策。

产权经济学的奠基者、张五常教授的受业恩师阿尔钦认为，价格决定什么比价格是如何决定的要重要。依照产权经济学的新见解，价格决定的主要是决定市场竞争胜负的准则。假若价格准则被取缔（譬如价格管制或计划经济），那么其他决定竞争胜负的准则就会应运而生，并取而代之，诸如以官阶高低、年龄大小、学历文凭等来决定消费品的配给，或者以政府计划和指令来决定生产决策。

以阿尔钦、科斯、张五常、巴塞尔、德姆塞茨等为代表的产权经济学对价格的看法别开生面，开辟出新的境界和研究领域，是 20 世纪后期价格理论最重要的发展。

经济体系里最重要的信息

古典经济学、新古典经济学和奥地利经济学派，主要是从静态均衡角度看价格信号或价格机制。从静态均衡角度分析价格，实际上就是将经济体系看作一个机械体系或力学体系。马歇尔对此很清楚，所以他在《经济学原理》序言里反复告诫读者，尽管他采取的是静态均衡分析方法，但是经济体系正确的类比不是机械体系，而是生物体系，也就是持续动态永恒演化的生命体系。大师之见，确实不凡！

从持续永恒动态演化的生命体系角度来重新思考人类经济体系，我们就需要思考如下基本问题：价格信号是经济体系里最重要的信息吗？如果不是，那么经济体系里最重要的信息是什么呢？

从动态演化的新视角来考察经济体系，经济体系的主要运行机制不再是价格均衡机制，价格均衡机制或过程最多是经济体系里一个非常次要或辅助的机制。动态演化的经济体系的主要运行机制包括学习、模仿、借鉴、跟随、替代、相互激励、自我催化或相互催化、无中生有的创造或创造性毁灭、突变和范式迁移等。

《新经济学》第二卷将人的经济行为区分为面向现在的适应性行为和面向未来的创造性行为，并据此给价格机制以新的阐释。适应性经济行为类似于生物体系的适应性进化，创造性行为则类似于生物体系的突变或新物种的诞生。

学习、模仿、借鉴、跟随、替代等，就是适应性经济行为；无中生有的创造或创造性毁灭、突变和范式迁移等，就是创造性经济行为。价格信号或价格机制在两种经济行为或决策里，只是起到一种辅助性作用，非决定性作用。

那么，起决定性作用的信号或信息是什么呢？此处我们提出一个基本假设——一个持续动态演化的经济体系，其最重要的信息有三类：

一是社会心理众所公认的成功者，包括成功的个人、企业、国家、民族，即通常所说的榜样的力量或先行者的引导力量。

二是创新的思想和理念，包括宗教、哲学、伦理、科学、艺术、文化思想等所有方面的创新思想和理念。

三是国家和民族的历史与社会文化潜移默化所形成的隐性知识，包括一个社会和民族居于主导地位的风俗习惯、处世态度、社会心理等。我们将在下文讨论"隐性知识"的时候，详细讨论第三类信息。

第一类信息对于适应性经济行为具有决定性作用，第二类和第三类信息对于创造性经济行为具有决定性作用。

适应性经济行为主要就是学习、模仿、借鉴、跟随，无论是消费者的消费行为还是生产者的生产行为皆如此。经济学者喜欢谈论的后发优势，主要就是后发国家对先进国家的学习、模仿、借鉴和跟随。

成功者是最重要的信息

人类文明进化的主要机制是学习、模仿、借鉴和跟随。从农产品、工业品、艺术品、服务模式、商业模式，一直到思想、理念、文化、信仰、制度、生活方式等，人类共同进化和相互催化的主要方式就是相互学习、模仿和借鉴。

两千多年前，经由陆上丝绸之路和海上丝绸之路，东西方文明实现了深度融合和交流。中亚和欧洲的许多农作物（包括胡萝卜、胡椒、葡萄等）和工艺品（如地毯）输入中国；与此同时，中国的瓷器、茶叶、丝绸等大量商品输入海外。伴随商品相互输入和融合的是语言、思想文化和宗教，其中最伟大的成就毫无疑问就是起源于印度的佛教传入中国，并在中国得到令人惊叹的发展和深化。

哥伦布发现新大陆之后，全球开始一体化，人类相互学习的速度大大加快。工业革命所创造的各项史无前例的技术，正是通过加速的学习过程征服全球，彻底改变了人类的面貌。这种学习过程主要通过全球贸易、技术转让和跨国投资来实现。任何国家的经济腾飞都具有一个典型特征，那就是个人之间、企业之间、区域之间、产业之间形成相互学习、模仿和借鉴的蓬勃浪潮。后发国家的经济腾飞首先表现为大规模向先进国家学习，前提就是全方位地对外开放。

过去两个世纪以来，通过大规模的对外学习实现国家的经济腾飞和全方位的社会进步，最惊人的例子有两个。一个是1868年日本明治维新之后决定"脱亚入欧"，举国向欧美学习，短短30年时间崛起为亚洲和世界的经济强国。另一个是1978年邓小平带领中国人民开启伟大的改革开放，即全面对外开放，从欧美大规模引入资金、技术和管理理念，也是短短30年时间，中国迅猛崛起为世界第二大经济体。

日本明治维新不仅是日本近代史上开天辟地的大事情，而且是人类近代史上划时代的大事情，它对亚洲和世界历史影响深远。

明治维新时期，日本有识之士和领导者所做的最重要的一件事就是派遣岩仓使团到欧美考察，开启日本全面向欧美学习的重大历史时刻。岩仓使团的成员共48人，几乎囊括了日本当时最重要的政治人物。

从1871年12月23日出发到1873年9月回国，岩仓使团先后访问了美、英、德等12个国家，时间长达20个月。使团在美国停留时间最长，重点考察的却是英国和德国，因为英国和德国是当时世界上产业和经济最发达的国家。

岩仓使团最初的使命是希望和欧美诸国修改那些强加于日本的不平等条约，没想到改约的想法遭到欧美各国断然拒绝。残酷的现实深深震撼了岩仓使团的所有成员，也迫使他们深刻认识到一个基本的道理：弱国无外交。痛定思痛，岩仓使团遂转而将全部精力用于考察欧美各国政治、经济、军事、文化教育等所有方面的成就。

无论是"世界工厂"英国，还是号称世界"文明中心"和"工业产品集散地"的法国，甚至是丹麦、瑞典、比利时等欧洲小国的技术、经济和军事实力，都给日本人以强大震撼。

岩仓使团系统全面的考察，从根本上改变了日本的国策。回国之后，参与考察的日本政治精英很快就确立了"殖产兴业""产业立国""贸易立国"的基本战略方针，思想皆源自岩仓使团的欧美之行。日本军国主义思想和扩张战略也是来自考察团亲自聆听德国铁血宰相俾斯麦的经验之谈，从此日本开始狂热地学习和借鉴德国的军事制度。

岩仓使团开启日本"脱亚入欧"、全面学习欧美的恢宏历史进程，学习内容无所不包。概而言之，有如下 5 类：

- 效法英国，"殖产兴业"，全力发展民族工商业。
- 借鉴欧美诸国宪政经验，矢志实现君主立宪制，确立以天皇为核心的立宪政体。
- 全国改革文化教育制度，实施全民义务教育，鼓励本国人民去欧美留学，坚定推行"求知识于世界"的基本国策。
- 坚信俾斯麦的强权政治和铁血政策，奉行强权即真理，走向军国主义对外侵略之路。
- 废除武士制度，全面学习德国军事经验，建立效忠天皇的现代军队。

日本的军国主义、强权政治、铁血政策和对外扩张侵略的行为，当然是要坚决谴责的，然而，从大历史角度看，明治维新之后，日本全面实施"脱亚入欧"，学习借鉴欧美诸国先进科技、教育、军事和国家制度等做法，确实让日本迅猛实现了富国强兵之梦，并最终成功成为一个成熟的现代化国家。

1978 年邓小平带领中国人民开启伟大的改革开放，最关键的举措包括建立经济特区、改革教育制度（如恢复高考、派遣留学生）、迅速与美国建交等。改革开放初期的一项重大行动，就是 1978 年 5 月时任国务院副总理的谷牧率团考察欧洲 5 国。考察团所有人都被西方资本主义国家的发达程度深深震撼。正是谷牧考察团的报告，促使中央领导下决心大规模引进外国先进科技、管理经验和资金，真正拉开了全面对外开放的序幕。

过去的 1/4 世纪里，中国企业迅速追上美国互联网和信息产业的发展节奏，最重要的机制同样是学习、借鉴、模仿和跟随美国互联网和信息科技领域的龙头企业。

阿里巴巴最初是学习和借鉴亚马逊，支付宝最初是模仿和学习 PayPal（贝宝）支付；腾讯最初是学习借鉴以色列开发的即时通信软件 QQ；百度学习谷歌；滴滴出行学习优步；一大批企业学习和模仿苹果公司，开始生产智能手机……无论是核心科技、商业模式，还是企业内部的股权激励制度和风险投资，等等，中国从 20 世纪 80 年代后期和 90 年代初期开始全面学习和模仿美国，就连国内高科技公司高管的名称也都学自美国，比如首席执行官（CEO）、首席财务官（CFO）、首席运营官（COO）等。

国内企业的相互学习同样非常重要。向成功的创新企业和创业者学习，成为中国"大众创业，万众创新"最具威力的催化剂。任正非、马云、马化腾、李彦宏、刘强东、雷军等，成为年轻创业者的偶像和精神支柱；阿里巴巴、腾讯、百度、京东等，则成为孵化创业企业的摇篮和沃土。这些成功企业所孕育和直接投资的企业多达数千乃至数万家，直接和间接与这些成功企业有业务往来和合作关系的企业可能多达数十万家。很多创业者的商业模式就是直接来自那些成功者的启发，或者就是寄生于那些成功企业。

综上所述，我们能够得到一个基本结论：成功的个人、企业、地区和国家，是一个经济体系里最重要的信息，它对经济资源配置的决定性远远超过价格信息的重要性。

学习和跟随的困境：后发优势为什么会蜕变为后发劣势

学习、借鉴、模仿和跟随是适应性经济行为和适应性经济体系演化的主要机制，成功者的信息或榜样的力量则是最重要的信号，价格信号只是辅助性的。

学习、借鉴、模仿和跟随的过程，也有可能产生重大的改进性创新，却很难或几乎不可能出现颠覆性创新。欲实现颠覆性创新，经济体系里就必须有一种机制，能够产生之前所说的第二类和第三类信息：创新的思想和理念，以及鼓励创新的社会"隐性知识"或文化氛围。

第二次世界大战以后的数十年，在学习、模仿、借鉴和跟随方面最成功的范例是日本、"亚洲四小龙"（韩国、新加坡、中国香港、中国台湾）和中国大陆。本质上，日本没有发明任何真正崭新的产业，比如钢铁、造船、汽车、电力、消费电子、核能、重化工、高端设备、通信等，所有这些行业都是欧美"原创"或"发明"出来的。然而，日本或许是世界上学习和模仿能力最强大的国家，欧美"原创"或"发明"的这些新产业，一旦被日本人掌握，很快就可能成为日本人主导的天下。

哈佛商学院研究商业史的学者钱德勒曾经著书《发明电子世纪》（*Inventing the Electronic Century*），以大量的精彩案例，追溯日本企业如何从美国"学习"消费电子产业——收音机、录音机、电视机、冰箱、空调、照相机等，最终将美国消费电子产业彻底"消灭"的过程。霍博兄弟在其所著《清教徒的礼物》一书中认为，日本人真正学习到了美国高度重视技术和制造业的清教徒精神并将其发扬光大，而美国人自己却逐渐丢掉这种精神，制造业日渐空心化，转而依靠金融投机或虚拟经济。

尽管如此，我们可以说日本是一个非常成熟的、以高精尖制造为核心、以高质量为标志的发达经济体，却很难说日本是一个引领全球科技和产业颠覆性创新的国家。现代信息科技时代的所有产业——计算机、互联网、人工智能、机器人、大数据、云计算等，日本企业皆表现卓越不凡，却并非趋势创造者和引领者。颠覆性科技和产业的创造者和引领者主要还是美国、以色列和英国。

韩国在汽车、造船、重化工、消费电子、智能手机、芯片等产业表现同样卓越，却也很难说是一个世界级的颠覆性科技和产业创新的创造者和引领者。

中国经过40多年的快速增长，已经成为"世界工厂"，全球互联网领域市值最大的20家公司，中国占据差不多一半，成就足以自豪。然而，从颠覆性科技和产业创新角度看，中国与美国、以色列和英国的差距依然很大，与日本、欧洲甚至韩国也都有不小差距。

正如熊彼特所说："无论你怎样改进一驾马车，它永远也不会成为一部汽车。"改进性创新无论多么卓越和精彩，它永远不会成为颠覆性创新。我们如此评说，当然绝不否认改进性创新的重要性。事实上，"日本制造"和"德国制造"精益求精的工匠精神正是今日人类经济所最急需的，尤其是在中国经济转型的当下。我们只是从经济体系的动态演化角度来区分改进性创新和颠覆性创新，并探讨激励两类创新的不同机制。

颠覆性创新是产业和经济体系演化的一种突变或拐点，并不是现有科技和产品线性演化的结果。这种突变或拐点只能来自原创性的科学思想和技术发明，而原创性的科学思想和技术发明则必须来自富有创新力和创造性的教育和科研体系。

这是值得我们认真研究的大问题：为什么美国、以色列和英国是科技和产业颠覆性创新的主要引导者？答案应该就是我所说的两大类重要信息的产生机制。相比世界其他国家而言，美国、以色列和英国的教育体系和社会文化氛围（隐性知识）更容易创造出具有颠覆性的新思想、新理念、新科学和新技术。这是值得我们深思和检讨的。

我们将在《新经济学》第五卷深入讨论教育和社会制度对创新生态体系的极端重要性。

信息和经济体系演化的中心节点

人类社会经济体系的演化，总是围绕几个中心或中心节点展开的。譬如围绕某个城市所形成的市场和商业体系，市场和商业体系往往围绕城市内的某个地点（码头、城市中心广场、某个建筑物、咖啡馆等）形成，而一个国家或地区的经济和商业体系又是围绕某一个大城市而形成，所谓经济圈或商业圈的形成就是如此。

产业链或产业圈总是围绕某个著名或开创性企业而形成。譬如，围绕一家大型汽车企业形成包括数百家乃至数千家企业的产业链或产业圈；围绕沃尔玛、阿里巴巴、亚马逊等零售商业巨头形成的产业链或产业圈则包含数万家甚至数十万家企业；围绕苹果公司所产生的各种应用几乎是无限的，每天都有无数新的应用加入其中，各种应用之间相互协作、刺激和启发，又形成新的应用；围绕脸书和腾讯等社交网站所形成的社会网络和商业网络无远弗届，原则上可以无限生长下去。如此庞大的经济和商业网络里，某个企业的破产倒闭完全无关紧要，即使是作为中心节点最先诞生的著名企业破产和退出商业圈，也不会阻碍商业圈或产业圈的继续生长。就像生物学家和生态学家已经发现的那样，一个生态或生物群落里，最初主宰该群落的生物会不断死去或消失，新的生物会不断涌现出来，成为生态群落或生物链的主宰者。一个大型企业破产关闭退出市场，总有新的企业迅速长大，成为产业圈或经济圈新的中心节点。然而，我们依然能够观察到确实存在某种具有中心意义的节点。

硅谷的发展历史清楚地告诉我们产业生态圈的演化过程和内在机制。

硅谷是世界上独一无二的科技创新、产业创新、商业模式创新、管理思想创新，尤其是观念创新的生态圈。事实上，今天全世界的高科技产业链或产业圈（这个产业圈延展和覆盖了整个地球）就是以硅谷为核心或支点而建立起来的。过去半个世纪以来，全人类最前沿和最惊人的科技创新，绝大多数都源自硅谷，然后波及或延展到整个地球。从互联网、个人计算机、智能手机到人工智能、机器人、大数据、云计算、物联网、虚拟现实、区块链等，硅谷的每一项重大观念和科技突破，都引发了世界性的产业震动和冲击波。

稍微仔细观察一下硅谷数十年的演化历史，我们就能够清晰地看到硅谷生态体系或生态圈所赖以生长壮大的关键节点。从公司层面来看，硅谷始创时期诞生了惠普；20 世纪 50 年代诞生了仙童半导体；60 年代诞生了英特尔；70 年代诞生了苹果；80 年代诞生了甲骨文；90 年代诞生了雅虎、网景和谷歌；21 世纪诞生了脸书、特斯拉、优步、爱彼迎等。每一个时代都诞生出一个或几个具有划时代意义和改变产业面貌的伟大公司。它们有的能够基业长青超过半个世纪（如惠普和英特尔）；有的如流星一般划过天空，照亮产业天空，为其他人开辟新的进军方向之后却戛然消失（如仙童半导体和网景）；有的经历了凤凰涅槃般的衰亡和浴火重生（如苹果和特斯拉）。伟大公司就是硅谷乃至全球产业圈的关键节点和核心。

从技术和产品层面看，硅谷历史上先后有半导体、个人计算机、智能手机、搜索引擎、社交媒体、电动汽车或自动驾驶汽车等，每一项产品和服务都是颠覆性的突破，之后迅速引发世界性的学习、模仿、抄袭和跟随，全球产业链和产业圈由此诞生，各国高科技产业圈或产业链大体上都是围绕硅谷所开创的某个产业或产品而展开。譬如中国著名的北京中关村科技园就是围绕计算机行业而展开；台湾地区著名的新竹科技园就是围绕半导体代工产业而展开（以张忠谋创办的台积电为中心）。世界各地无数科技园和产业园，很大程度上都是硅谷新科技和新产品的衍生产品或全球产业链上的某个环节。

从人物角度来看，硅谷每个时代都能涌现出传奇式的创新者、创业者和企业家，他们的思想、观念、创业故事成为激励硅谷和全世界创业者最丰富的精神财富和最好的内在激励。威廉·休利特、帕卡德、罗伯特·诺伊斯、戈登·摩尔、安迪·葛洛夫、史蒂夫·乔布斯、拉里·埃里森、杨致远、拉里·佩奇和谢尔盖·布林、马克·扎克伯格等，他们是硅谷思想和观念天空上最耀眼的明星，是硅谷科技和商业天空上最闪亮的星座，是硅谷和全球高科技产业生态圈里被膜拜的偶像，是无数年轻人渴望追随和实现的终极目标，是硅谷和全球高科技生态圈里真正的主宰者或引路者。他们的只言片语和一举一动都牵动着全球高科技产业的神经系统，他们的成功或失败成为硅谷和世界高科技历史的神秘传奇，这就是关键人物或核心人物的力量和魅力，这就是塑造硅谷和全球高科技产业圈或产业链的核心基因或密码。说到底，硅谷的秘密就是它的文化氛围总是能够塑造一批又一批"稀奇古怪"的天才豪杰。

从教育和思想创造的角度看（这才是最根本和最重要的），硅谷的核心节点则是斯坦福大学、加州大学伯克利分校以及众多的科研机构，包括NASA（美国国家航空航天局）、兰德公司等。

人类思想体系的演化也是如此。譬如，人类过去 200 多年经济思想的演化，大体是围绕斯密"看不见的手"所展开，形成异常复杂的思想生态体系。庞大的思想生态体系内部又能够生长出各种规模较小的思想生态体系，各种不同的学派就是一个个小的思想生态体系，每个学派都是以某个思想家的思想为中心展开。

第十章

创造性内能和创造性能量级

两种能量决定宇宙自然演化的终极规律

美国科技奇才库兹韦尔的《奇点临近》一书将宇宙大爆炸以来宇宙的演化概括为六大纪元。

第一纪元：物理与化学纪元。

第二纪元：生物与 DNA 纪元，即生命开始出现。

第三纪元：大脑纪元，即生命最复杂的组织结构涌现。

第四纪元：技术纪元，即人类开始自觉地创造和运用技术。

第五纪元：人类智能与人类技术的综合，即人工智能纪元。

第六纪元：宇宙觉醒，即生命将遍及或征服整个宇宙。

姑不论这种划分大家是否认同，但库兹韦尔的"六大纪元"皆指向一个确定的方向，即宇宙自然和人类进化的全部过程正是生命动力或精神动力不断突破阻碍、持续超越极限、奋勇摆脱物质束缚，直至宇宙觉醒的过程。生命贯通整个宇宙！

我深信宇宙间最强大的力量是人心的创造性力量，即那种无中生有的力量。人的本心即自然之心、宇宙之心。陆象山所谓："宇宙便是吾心，吾心即是宇宙""宇宙内事乃己分内事，己分内事乃宇宙内事"。① 我们与宇宙天地万物共同的本质是什么？答案就是无限的创造性，即生命的无限创造性。

宇宙、自然、人类、社会的演变总是受两种力量的支配。第一种力量

---

① 牟宗三. 从陆象山到刘蕺山［M］. 长春：吉林出版集团有限责任公司，2010：18.

就是热力学第二定律所揭示的熵增，即一种下坠、堕落、腐化、失序，一种迈向死亡或均衡的力量，这种力量可称为"负能量"。

第二种力量就是物理学家薛定谔在《生命是什么》一书里所定义的负熵或熵减。薛定谔相信生命的本质就是负熵或熵减，即一种自组织为秩序，持续创造新组织和新秩序，不断开辟生命新领域，永远精进、勃然向上的力量；就是《易传·象传·乾》中"天行健，君子以自强不息"的不息的力量；就是《中庸》中"天地之道，可一言而尽也。其为物不二，则其生物不测"的那种创生的力量，也是《中庸》中"今夫山，一卷石之多，及其广大，草木生之，禽兽居之，宝藏兴焉。今夫水，一勺之多，及其不测，鼋鼍、蛟龙、鱼鳖生焉，货财殖焉"的那种内在的自我增长和进化的力量。这些力量，我们实可称为"正能量"。

凯文·凯利的《失控》一书主要就是讨论自然和人类演化的规律，即无中生有的规律。凯文·凯利写道："宇宙中并存着两个趋势。一种是永远下行的趋势，这股力量初时炽热难当，然后嘶嘶作响归于冰冷的死寂。这就是令人沮丧的卡诺热力学第二定律，所有规律中最残酷的法则，所有秩序都终归于混沌，所有火焰都将熄灭，所有变异都归于平淡，所有结构都将自行消亡。第二种趋势与此平行，但产生与此相反的效果。它在热量消散前（因为势必会消散）将其转移，在无序中构造有序。它借助趋微之势，逆流而上。"[1]

但是，凯文·凯利并没有明确指出这种无中生有的力量就是生命内在的力量，就是生命内能。

第一种力量和第二种力量、负能量和正能量、熵增（正熵）和熵减

① 　凯文·凯利.失控：全人类的最终命运和结局[M].张行舟，陈新武，王钦，等，译.北京：电子工业出版社，2016：628.

（负熵）、阳和阴、乾和坤……我们可以给两种能量以多个名称。华夏先哲所发现的阴阳两种力量与现代科学的发现不谋而合。阳或乾就是一种永远向上的力量，逆流而上，自强不息，创造秩序，为宇宙万化之源。依照《易传》所揭示的基本哲理，阳或乾就是创生的力量、创造的力量、创新的力量。人类思想达至最高境界，必定会指向同一至高或最终的真理，此甚奇而亦不奇！

创造性内能和创造性能量级

人的创造性内能具有一种内在的层次和结构，即具有一种内在的创造性能量级。人生的价值就在于通过持续地学习和艰苦地修行，不断提升自己的创造性能量级，直达那最高的创造性能量级。

最高级别的创造性能量级就是纯粹精神和纯粹思想的创造。这种最高的创造性能量级的代表人物，就是古往今来各个民族所孕育的先哲或圣人。此类创造是人类精神的最高创造，是宇宙精灵的最高彰显，是天地之心最伟大的灵光闪耀。华夏经典《周易》对此类最高精神的创造有很多精彩的论述，佛经也有许多精彩的阐释。德国哲学家黑格尔最重要的著作是《精神现象学》，他将人类历史发展演化看作最高精神的辩证发展，此实为西方哲学史上独具创见的慧解。

古往今来，人类各个民族一切神话传说的本质，就是弘扬伟大超越精神的无限创造性。这种伟大而超越的精神贯通古今。人类最高的精神追求皆是要成为纯粹精神的生命存在，彻底摆脱物质欲望的束缚或障蔽，皆是要将那伟大超越精神的创造力发挥到极致。这是人类最高、最伟大的境界，也是生命本质力量所必然要迈进的最高境界。

在生命的一切创造物里，纯粹精神和纯粹思想的创造物具有最持久的生命。譬如中国古圣先哲的伟大思想和精神创造物（以《周易》为最显著例子）；犹太民族的伟大精神和思想创造物（以《圣经》为最显著例子）；耶稣基督和圣保罗的伟大精神和思想创造物（以《旧约》和《新约》为最显著例子）；释迦牟尼及其后学的伟大思想和精神创造物（以佛经为最显著例子）；人类所有民族和所有时代那些最伟大的纯粹精神和纯粹思想创造物，它们的生命都是永恒的。

最高能量级别的纯粹精神和纯粹思想的创造为何具有如此伟大和永恒的力量？因为纯粹思想和精神的创造正是生命最本质能量的彰显，也是生命必然前进的方向。而纯粹精神和思想的创造者是拥有人类创造性最高能量级别之人，也是人类的极少数，我们通常称他们为先哲、先知、圣人或教主。

人类第二类或第二级别的伟大创造，乃是纯粹知识的创造，即发现宇宙自然和人类社会的根本规律，即我们通常所说的自然科学和社会科学的最高规律。

纯粹知识的创造与纯粹精神和纯粹思想的创造几乎属于同一个创造性能量级别，因为纯粹知识创造的最高成就必然要窥见或触及生命最本质的规律（宇宙自然最本质的规律）。许多伟大的科学家正是从探寻宇宙自然规律出发，最终隐约"触摸"到了"上帝"之手，体认到最深层的秘密。牛顿、莱布尼茨、麦克斯韦、爱因斯坦、狄拉克等皆有如此深刻的体验。这是很自然的，因为人心的道德或纯粹精神的创造性和人心的纯粹知识的创造性原本是一个创造性根源的不同展现。

纯粹知识创造者的创造性能量级别仅次于或者基本等同于纯粹精神和纯粹思想的创造者，代表人物就是古往今来那些划时代的伟大科学家和学者。实际上，有时我们很难明确区分纯粹精神和思想的创造者与纯粹知识的创造者，因为他们的创造性能量级别几乎完全相等，因为自然科学和社会科学的最高境界就是纯粹精神的创造了。

爱因斯坦应该是这类创造者中最伟大的代表之一，他既是划时代的顶级科学家，又是最深刻的哲学家。爱因斯坦对自然规律和宇宙奥秘的发现和体验已经达到最高宗教体验的境界。

爱因斯坦写道："你很难在造诣较深的科学家中间找到一个没有自己的宗教感情的人。但是这种宗教感情同普通人的不一样……他的宗教感情所采取的形式是对自然规律的和谐所感到的狂喜的惊奇，因为这种和谐显示出这样一种高超的理性，同它相比，人类一切有系统的思想和行动都只是它的一种微不足道的反映。只要他能够从自私欲望的束缚中摆脱出来，这种感情就成了他生活和工作的指导原则。这样的感情同那种使自古以来一切宗教天才着迷的感情无疑是非常相像的。"[1]

人类创造性能量第三级别的创造，就是将纯粹精神、思想和知识转化为具体的物质文明或典章文物。比如，将宗教和政治思想转化为宗教和政治制度（包括宪法和法律制度）；将政治和经济思想转化为经济制度（包括产权制度、公司制度、市场竞争制度及其相关政策）；将宗教精神和思想灵感转化为各种建筑、音乐和文学作品；将科学发现或科学思想转化为技术发明和产品；等等。此类人物主要就是我们通常所说的政治家、艺术家、工程师和企业家等。物质文明或典章文物的创造同样可以达到堪与纯粹精神和思想媲美的高妙之境，特别是伟大艺术家的创造（如伟大音乐家、诗人、画家、雕塑家、小说家等），常常能够启发或激励人们迈向最高的精

---

[1] A. 爱因斯坦. 走近爱因斯坦 [M]. 许良英，王瑞智，编. 沈阳：辽宁教育出版社，2005：117.

神境界，摆脱物质欲望的束缚。

人世间每个人的创造能量或创造力，以及创造力所专注的方向都不同，每个人的才能或禀赋也都不同，所以世间才能有分工合作以人尽其才、物尽其用，从而创造出令人叹为观止的典章文物、人类文明和经济奇迹。

经济学里比较深刻同时也是比较正确的洞见就是比较优势定理，李嘉图和弗里德曼甚至认为比较优势定理是经济学最重要的定律，其基础正是每个人所拥有的才能或创造力互不相同。这正是世界上最有趣、最奇妙的现象，差异性创造多样性，差异性创造独特性。

有谁能够解释世界上每个人天赋的才能或后天习得的能力互不相同乃至差距甚大呢？假若世间没有无限丰富、互不相同的"天赋异禀"，假若世间所有人的思想、创造力或才能都一样，人类又怎么能够创造出无限丰富的文明和经济奇迹呢？生命体系最本质的特征之一就是无限的差异性、独特性和多样性。仅从这个最简单的事实和原理出发，我们就知道遏制思想自由，试图用某一个人的思想来钳制所有人的思想，本身就是极其荒谬的事情，其后果必然是极大地扼杀人类的创造力，导致思想和知识创造的凋敝或停滞，从而严重遏制科技创新和经济增长。

创造性能量级的类别划分

我们可以将世间人类的创造性能量级做如下的类别划分。这种划分并不是等级高下的划分，而只是一种类别的划分，我们可以从一个结构层级的角度更深刻地理解人的创造性能量。

第一类，纯粹精神的创造力。最著名的例子是孔子、释迦牟尼、耶稣、老子、庄子等。他们的创造力最接近宇宙生命的本源，与宇宙生命的本质精神最契合，故他们能成为人类精神生命和价值生命永远的导师。他们的思想、品格和行为代表着人类精神生命和价值生命的最高境界，成为很多人效仿或学习的榜样。

这种无限崇高的精神能量一旦开掘出来，就成为人类前进和历史演化的永恒动力和灵感源泉，他们的思想和精神境界永远激励人类激发自身的无限创造性。这种最高级别的纯粹精神的创造力只有人类中的极少数人才拥有，所以他们被冠以"圣人""世尊""上帝之子""超人""至人""神人"等称谓，皆表示他们的全部生命就是纯粹精神或绝对精神的体现。他们的创造力主要或全部体现为纯粹精神的创造力。他们并不是伟大的科学家、企业家、政治家、军事家，然而，他们的创造力却远远超越科学家、企业家、政治家和军事家的创造力，因为他们为人类精神和价值生命的提升开辟出全新的方向。

一个国家、一个民族乃至一个公司、一个家庭或每个个体的具体创造物（具体到政治制度、经济结构、科技实力、产业竞争力、艺术作品和生活品位），皆是一个国家、一个民族精神的具体体现。

精神层面或精神趣味低下者，绝对无法创造出代表人类精神前进方向的政治、经济、法律制度，绝对无法创造出引领人类和时代的科学知识、技术发明和产品服务，绝对无法创造出震撼人心的哲学和艺术，绝对无法创造出让全人类心服的生活品位。

所以，精神的提升尤其是对古圣先哲伟大而纯粹精神创造的持续追随和开掘，通过教育的开发和思想的竞争不断提升一个国家、一个民族的精神境界，永远是任何国家、任何民族兴旺发达的终极动力。

第二类，创造性能量是纯粹知识的创造力，包括纯粹哲学和纯粹科学知识的创造力。最著名的例子包括阿基米德、牛顿、康德、休谟、斯密、马克思、黑格尔、麦克斯韦、爱因斯坦、杨振宁、欧拉、高斯、拉马努金（Srinivasa Ramanujan，1887—1920）、陈省身等。

纯粹知识和纯粹哲学（思辨哲学）的创造，是西方文明（起自古埃及、古希腊、古巴比伦）相比东方文明（古印度和中国）的优胜处。尽管东方文明也不乏丰富的客观科学知识和思辨哲学的创造，然而较之西方文明，东方文明在纯粹知识和纯粹哲学方面的创造却相形见绌。

马克斯·韦伯的《新教伦理和资本主义精神》一书开篇就极力赞扬西方各种科学知识和哲学知识的系统性发展和积累，包括经验科学、天文学、系统性的神学和现代医学。康德《纯粹理性批判》的序言也精辟阐述了西方的数学、科学和哲学很早就走上了稳步发展和持续积累的康庄大道。

所以，过去数百年里，西方所产生的伟大科学家、数学家、思辨哲学家可谓群星灿烂，而东方文明（至少在20世纪之前）则几乎没有产生过世界级的大科学家、数学家和思辨哲学家，这不能不说是东方文明的一大憾事。

第三类，现实政治和经济世界的创造或改造。体现这一类创造的人物就是我们平素所说的伟大的政治家和企业家。历史上那些伟大帝国或伟大时代的缔造者或征服者，如中国的曹操、秦皇汉武、唐宗宋祖、成吉思汗、康熙大帝、毛泽东、邓小平等；如西方世界的恺撒大帝、查理大帝、华盛顿、拿破仑、克伦威尔、林肯、罗斯福、丘吉尔等。世界经济和企业历史上那些开创性的伟大人物，如洛克菲勒、安德鲁·卡内基、摩根、福特、比尔·盖茨、乔布斯等。

第四类，艺术世界的创造力。其实最高境界的艺术创造力最接近纯粹精神的创造力，因为最高级的艺术就是最高级精神的彰显。人类历史上最伟大的艺术作品很多都是最强烈情感激发下的产物。

我们可以说，全部西方艺术都是犹太教、基督教启发下的产物；东方艺术则是儒、释、道启发下的产物，包括一切诗歌、音乐、小说、戏剧、绘画、建筑、雕塑、服装、家具，以及日常生活中最普通的装饰和器物。

纯粹知识、纯粹思辨哲学、政治世界和经济活动的创造力当然需要超越的想象力，然而，艺术创造力所蕴含的想象力或许是一切人心创造活动中所具有的最高级的想象力。伟大艺术家所具有的那种"神龙见首不见尾"、飘忽不定却动人心魄的想象力，应该是人性无限创造性的最佳体现，是一种真正的"天赋异禀"。

爱因斯坦说想象比知识重要，这句话对于艺术的重要性要远远超过对于科学的重要性。无论你对修辞手法和语言技巧掌握得多么细腻和完备，你可能永远写不出像屈原《离骚》那样想象奇特、瑰丽多姿的伟大诗篇，也永远写不出苏东坡《赤壁赋》那样的盖世名篇。无论你对音乐的技巧和知识掌握得多么熟练，你可能永远无法创作出像巴赫、莫扎特、贝多芬、柴可夫斯基那样高妙深邃、感人至深的音乐。像屈原、苏东坡、王羲之、米芾、达·芬奇、米开朗琪罗、莫扎特、贝多芬、毕加索、高迪等这样级别的艺术天才，他们的想象力和对人性最深刻的表现，实际上已经获得和宗教情感一样的感染力和启发力，甚至比宗教情感还要深刻和动人。

第五类，综合的创造力或全才型人物的创造力。古往今来，我们往往能够看到人类里有极少数人，他们在众多领域皆有最高级的创造力。

苏东坡是中国文化历史上极其罕见的艺术全才；意大利文艺复兴时期的达·芬奇则是西方文明所孕育的超级全能型天才；丘吉尔是伟大的政治家和战略家，同时也是一流的历史学家和文学家；毛泽东是伟大的政治家、战略家和军事家，同时是一流的诗人和书法家；美国第一任财政部长汉密尔顿既精通法律、军事、经济和金融，同时又是一流的政治家和演说家；牛顿是伟大的物理学家，同时又是古往今来最伟大的数学家之一；冯·诺依曼是极少数全能型的科学家，纵横驰骋几乎所有科学领域……

创造力的最高境界：造物者的诗篇

人类一切创造到达的最高境界就是真善美的完美统一，就是古圣先哲所说的"至善之境"。

物理学家杨振宁先生有一篇文章《美与物理学》，精彩论述了物理学之美和诗歌之美有异曲同工之妙。在这篇文章的最后，杨振宁先生写道：

牛顿的运动方程、麦克斯韦方程、爱因斯坦的狭义和广义相对论方程、狄喇（拉）克方程、海森伯（堡）方程和其他五六个方程式是物理学理论架构的骨干。它们提炼了几个世纪的实验工作（1）与唯象理论（2）的精髓，达到了科学研究的最高境界。它们以极度浓缩的数学语言写出了物理世界的基本结构，可以说它们是造物者的诗篇。

这些方程还有一方面与诗有共同点：它们的内涵往往随着物理学的发展而产生新的、当初所完全没有想到的意义。举两个例子：上面提到过的 19 世纪中叶写下来的麦克斯韦方程是在本世纪（20 世纪——编者注）初通过爱因斯坦的工作才显示出高度的对称性，而这种对称性以后逐渐发展为 20 世纪物理学的一个最重要的中心思想。另一个例子是狄喇（拉）克方程。它最初完全没有被数学家所注意，而今天狄喇（拉）克流型已变成数学家热门研究的一个新课题。

学物理的人了解了这些像诗一样的方程的意义以后，对它们的美的感受是既直接而又十分复杂的。

它们的极度浓缩性和它们的包罗万象的特点也许可以用布雷（莱）克（W. Blake，1757—1827）的不朽名句来描述：

To see a world in a grain of sand

And a haven in a wild flower

Hold infinity in the palm of your hand

And eternity in an hour

（一沙一世界，

一花一天堂。

片掌握无限，

瞬间即永恒。）

它们的巨大影响也许可以用波普（A. Pope，1688—1744）的名句来描述：

Nature and nature's law lay hid in night:

God said, let Newton be! And all was light.

（自然和自然规律为黑暗隐蔽，

上帝说：让牛顿出来吧！一切皆臻光明。）

可是这些都不够，都不能全面地道出学物理的人面对这些方程的美的感受。缺少的似乎是一种庄严感，一种神圣感，一种初窥宇宙奥秘的畏惧感。我想缺少的恐怕正是筹建哥特式教堂的建筑师们所要歌颂的崇高美、灵魂美、宗教美、最终极的美。①

杨先生上述语言可谓美极矣！用它来形容人心最高级创造之美的境界再合适不过了。

从农耕经济时代到智慧经济时代

从面向未来的创造性和持续演化的角度来考察，人类经济增长和财富创造必然从主要依赖物质资源到主要依赖非物质的思想、技术和智慧，人类必将迈向智慧经济时代。

人类漫长的经济发展历史可以划分为四个阶段，那就是漫长的农耕时代、工业时代、信息时代和智能时代。

农耕时代：人类的经济增长和财富创造主要依靠土地和其他自然资源，生产方式主要服从规模收益递减规律，农业人口占全部人口的 95% 以上。

工业时代：人类的经济增长和财富创造开始主要依靠科学技术和自然资源，土地的重要性逐渐下降，生产方式主要服从规模收益不变和规模收益递增规律，农业人口或农业劳动力急剧下降到全部人口或全部劳动力的 10% 或 5% 以下。

信息时代：人类的经济增长和财富创造主要依靠科学技术尤其是信息技术（计算机、互联网、机器人、云计算、大数据等），自然资源的重要性逐渐下降，生产方式主要服从规模收益递增或技术指数式增长规律。产业

---

① 杨振宁.杨振宁文录：一位科学大师看人和这个世界 [M].海口：海南出版社，2002：287–288.

工人占全部劳动者的比例大幅下降。

智能时代：人类的经济增长和财富创造主要依靠人工智能，几乎所有的工作都能够大部分或全部智能化，包括一切服务领域都将大幅度智能化。人类自身的主要工作将是从事纯粹精神、思想、哲学、艺术的创造和享受（凯恩斯曾经设想的理想社会），生产方式完全服从技术指数式增长规律。

互联网经济标志着信息时代的来临，互联网经济的本质特征是规模收益递增规律。每增加一个节点，任何（所有）节点的效能和作用就会增大。一切创造皆符合收益递增规律。任何一种精神、思想、理念、知识的创造和传播都符合规模收益递增规律。分享越多，思想和知识的价值或效能就越大。智能手机、计算机和手机的操作系统、社交网络（如微信）以及电子商务平台等皆符合规模收益递增规律。

精神、知识、理念和智慧含量越高的创造物，越符合规模收益递增规律；精神、知识、理念和智慧含量越少的创造物，越不符合规模收益递增规律，越符合规模收益递减规律。自然资源含量越高的产品和服务，其生产就越符合规模收益递减规律。

区块链经济的本质也是如此。区块链本质是分布式网络，"多"会产生"更多"。所有信息科技都具有规模收益递增的特征。规模收益递增必然导致锁定效应。在信息科技时代，体量越大的公司（如亚马逊、脸书、谷歌、腾讯、阿里巴巴等），收入和利润的增长速度反而越快，这是非常奇特的规模收益递增现象。互联网或区块链的去中心化能量比工业时代的中心化生产模式的能量要大得多。

所以，人类经济必将迈向智慧经济时代。智慧经济时代具有三个最基本特征：

其一，技术的加速或指数级增长趋势。

其二，经济将主要呈现共享模式，充分展现技术和商业模式无限组合的可能性。

其三，大幅度降低对资源和人力的需求。

经济体系演化的必然方向

生物学家一直在辩论生命的进化是否有一个必然的方向或趋势。这个问题也存在于经济学中。

人类经济体系的演化是否有一个必然的方向或趋势，从人的无限创造性来思考这个问题，答案是非常肯定的。人类经济体系演化具有确定无疑的方向，那就是永不停息地迈向智慧经济和智慧生活。人类最终将不仅摆脱自然资源的束缚，而且会真正实现与自然环境的和谐共处。人类的生活将主要或完全依靠自身知识和智慧的提升，不再依靠对自然资源的消耗或掠夺。人类将利用最少的自然资源实现最大限度的生活空间。

生物学家已经概括出生命体系进化的七个趋势：不可逆性、递增的复杂性、递增的多样性、递增的个体数量、递增的专业性、递增的相互依存关系以及递增的进化力。人类经济体系的演化同样具有这七大趋势。

不可逆性是人类行为和人类经济社会体系演化显而易见的基本特征。经济学的成本理念源自选择，选择源自行为的不可逆。如果世上万事万物皆可逆，成本概念不会存在，也不需要。人类经济史上唯一能够想到的近似可逆事件的是金本位制崩溃之后的恢复，然而崩溃之后再恢复的金本位制实际上与之前的金本位制大不相同，所以恢复金本位制也不是真正的可逆事件。

不可逆是生命体系和经济体系最基本、最重要的事实。我们从不可逆性直接可以推导出经济社会体系的诸多规律性特征：其一是选择和成本；其二是路径依赖；其三是特异性和多样性；其四是单向积累和突变，即规模收益递增；其五是形态或模式的涌现。

生命体系和人类经济社会体系的不可逆性有时候颇具一种悲壮情怀和悲剧意识，个人、民族、国家皆如此。一旦选择了某条道路（这种选择往往是偶然的、随机的），则没有回头的可能。因为不可逆，所以只能沿着这条路坚持走下去，放弃或改变的代价（成本）往往太高。人生的无奈、悲情，乃至人生价值和意义皆由此而生，人生（个体的人生）的独特性也由此而生，一个民族、国家的道路或发展模式的独特性亦由此而生。每个国家、民族的发展历史以及所选择的道路皆有其独特性，并不能完全照搬其他国家和民族的道路，这是不可逆性的基本含义。即使所谓普适的经济社会组织原则（如政治民主和市场经济），各民族和各时代的表现也差异巨大。

如果深刻地认识到生命体系和经济体系的不可逆性，那我们就能更容易理解一个国家和民族兴衰起落的特殊机缘和特殊路径，就能更加以同情的态度去理解和认识各国独特的发展模式，就能知道机械地照搬照抄所谓普适模式其实是行不通的，任何事情都无法完全推倒重来。

一个经济体系本质的内在结构不能单从经济这一个层面看，而必须从一个国家和民族全方位体系的立体角度看，因为经济活动只是一个国家和民族群体行为表现的一个侧面。一个经济体系本质的内在结构至少包括四个层次：经济本身的结构（产业结构、投资和消费结构等）、技术结构（原创的和引进的，领先的和落后的，等等）、制度结构（市场和政府的关系）和思想文化结构（包括教育、文化、哲学、宗教等）。韦伯的名著《新教伦理和资本主义精神》实际上隐含了这样一个结构分析，不过他没有详尽展开。霍博兄弟的著作《清教徒的礼物》则主要从思想文化结构的演变来分析美国经济制度和技术产业结构的演变。

生物学家所讨论的进化力，譬如道金斯《进化性的进化》和克里斯托弗·威尔斯《基因的智慧》，实际上就是经济学者和管理学者所讨论的创新力。创新力是经济体系变革和演化的关键力量，突变或革命性变化由此产生。凯文·凯利在《失控》里写道："如同进化所选择的所有特性一样，进化力必须是可以累积的。一个还很弱小的创新一旦被接受，就能够作为一个平台，产生竞争力更强的创新。借着这种方式，星星之火，可以燎原。"①

经济体系的创新力尤其如此，经典例子数之不尽。譬如微软的 DOS 操作系统、乔布斯的 iPhone（苹果手机）、阿里巴巴的淘宝网、亚马逊的电商平台、腾讯的 QQ 和微信等，起初都是一个弱小的平台，一旦被接受的程度（以用户数来衡量）超过某个临界点，马太效应、累积效应、规模递增、锁定效应等就应运而生，逐渐形成一个日益强大的创新平台，并快速扩张为遍及全球的商业帝国。

创新力的核心是生命改变自我的能力。一个人如果能够不断地根据外部环境的变化否定自己、颠覆自己、超越自己，迎接新的挑战，他就能永远站立潮头、引领时代，恰如乔布斯传奇一生所彰显的那样。一个企业能够不断否定自身、颠覆自身、超越自身，创造新的科技和产品，迎接新经济和新金融的挑战，就能够基业长青、引领潮流，恰如 GE、西门子、苹果、谷歌、华为等伟大企业所彰显的那样。

---

① 凯文·凯利.失控：全人类的最终命运和结局 [M].张行舟，陈新武，王钦，等，译.北京：电子工业出版社，2016：643–644.

企业创新的基因本质上就是企业领导者的创新基因。一个伟大企业家的真正伟大之处就是将自己的创新基因和创新精神转变为企业的创新基因和创新精神。美国伟大的文化思想学者爱默生说："任何组织都是个人精神的延伸。"亚马逊创始人贝佐斯如是说："亚马逊已经成长为一个具有内在创新力的企业，即使我离开亚马逊，它的创新动力也不会停止，因为亚马逊已经产生了自己独特的创新基因。"GE 历史上的传奇首席执行官查尔斯·威尔逊说："我的使命就是将 GE 改造成一个'让英雄辈出'的舞台。"这才是真正的基业长青或永恒创造力的本质。

　　政治制度也如此。如何确保一个政治制度或政治体制不会日渐僵化、腐败、堕落乃至衰亡，这是古往今来一切伟大政治家所面临的共同难题。国家、民族、企业和个人是否能够跳出"其兴也勃，其衰也忽"的周期律？盛极必衰、物极必反、泰极否来，是华夏先哲的伟大智慧，深刻揭示了宇宙、自然、人类社会演化发展的基本规律。如果这种根本性的周期律是宇宙、自然和人类社会内在的基本规律，那么我们就不要期望去摆脱或超越它。我们能够实现的最好梦想就是尽可能延长周期里的稳定和上升期，缩短混乱和衰败期，或者尽可能抹平周期的动荡，消除周期律所引发的危机或动乱。

　　华为公司创始人任正非利用热力学第二定律熵增的原理，创造出让企业持续保持创新活力的熵减管理思想体系和制度机制。比如，企业内部员工经常性的自我批评；公司内部"红军"和"蓝军"相互"揭短找碴儿"，迫使对方持续改进和创新的制度设计；员工定期换岗或者大批员工下岗后重新选择岗位；等等。任正非管理思想的核心理念就是通过一整套公司内部管理制度和体制机制的创新设计，让新思想、新理念、新人才能够源源不断、生生不息，从而永葆公司的创新活力。

当今人类社会共同面临的一个突出问题是政治制度的僵化和腐败。世界各国政府很大程度上都失去了基本的创新活力，它们不仅不再是推动经济增长和社会进步的发动机，反而成为遏制经济增长和社会进步的绊脚石。如何给政府注入持久的创新基因或活力之源，是一个全球性的重大课题。此外，教育和医疗制度的创新同样至关重要。

凯文·凯利认为，进化系统的本质是一种产生永恒变化的机制。永恒的变化并非重复出现的周期变化，不像万花筒那样缺乏想象力，那是真正永恒的活力。永恒的变化意味着持续的不平衡，永远处于即将跌落的状态。它意味着对变化做出变化。这样一个系统将永远处在不断改变现状的边缘上。这就是生命体系"变自生变"的基本原理。

修行的本质：创造性能量级的差异因何而生

大千世界，芸芸众生，每个人的天赋能力和后天习得能力都不同。世界上永远没有两个完全相同的人物，即使是双胞胎，性格和能力的差别也很大。从横向看，世间每个人只有具有不同的能力，才能创造出如此丰富多彩的人类文明；从纵向看，世间每个人所拥有的创造力或创造能量级别只有相差巨大，才会有天才、庸才和蠢材之分。

古圣先哲以人的道德层级，将人划分为小人、君子、贤人、圣人。《庄子》对人的修行级别和能量的划分则有多种说法，譬如至人、神人、圣人等。《庄子·逍遥游》曰："至人无己，神人无功，圣人无名。"《庄子·天下》曰："不离于宗，谓之天人；不离于精，谓之神人；不离于真，谓之至人；以天为宗，以德为本，以道为门，兆于变化，谓之圣人；以仁为恩，以义为理，以礼为行，以乐为和，熏然慈仁，谓之君子。"此处庄子讲了五种人的境界，即天人、神人、至人、圣人、君子，皆是人之修行或精神生命的不同阶段。

佛教对于修行的次第和每个阶段修行者所达到的境界也有极其精密的阐述。我认为，佛家修行的每个阶段或境界乃是对应于不同的精神能量级别或精神生命的不同阶段。佛则是精神生命所能达到的最高能量级别，即与天地宇宙完全混化为一的至高境界。

《孟子·尽心章句上》说："万物皆备于我矣。反身而诚，乐莫大焉。"此是精神生命所能达到的最高境界，即孟子所说的"上下与天地同流"（《孟子·尽心章句上》）、"大而化之之谓圣"（《孟子·尽心章句下》）之境界。

前几年好莱坞有一部电影《超体》，该影片试图从现代科学的角度来说明人类智能（智慧能量）的无限开发前景。依照《超体》的描述，平常人对自身生命和智慧能量的开发最多只达到了2%，像爱因斯坦这样的超级天才也只不过达到4%。如果人的生命和智慧能量开发达到100%，那么人的智慧和能力将与宇宙大生命融为一体，而成为无所不在、无所不知、无所不能的超级生命，人将无生无死，与宇宙化一。这正是佛家所极力阐述的生命最高境界，我称之为最高的精神能量级别。

古圣先哲开辟的道德创造性，即君子之道、成德之教的创造性，从夫妇之愚到圣人之境，也是一个无限的进程。我们也可根据《论语》《孟子》的阐释，将人的道德创造性分为六个阶段，此六个阶段就是《论语·为政》中孔子自述的"立志、而立、不惑、知命、耳顺、从心"六个阶段。（子曰："吾十有五而志于学，三十而立，四十而不惑，五十而知天命，六十而耳顺，七十而从心所欲，不逾矩。"）

创造力的终极灵感：哲学智慧的开发

正因为宇宙自然一切生命过程充满不确定性和不可逆性，而不确定性和不可逆性是生命的本质特征之一，人才需要抉择。抉择就是创造的起点。抉择必定需要价值导向，价值导向就是人的自我觉醒和自定方向，它必然需要我们对人本身具有最深刻的认知。所以，全部哲学问题乃至全部认识问题都可归结为苏格拉底那个著名的问题：人是什么？他从哪里来？他到哪里去？也是孔子所说"人能弘道，非道弘人"（《论语·卫灵公》）之人与道的关系问题；孟子所说"尽其心者，知其性也；知其性，则知其天矣"（《孟子·尽心章句上》）之心、性、天的关系问题；是《中庸》所说的创造性认识历程或生命弘扬的永恒过程。（《中庸》曰："唯天下至诚为能尽其性。能尽其性，则能尽人之性。能尽人之性，则能尽物之性。能尽物之性，则可以赞天地之化育。可以赞天地之化育，则可以与天地参矣。"）

任何时代的问题归根结底是哲学问题，是哲学智慧的开发。一切最具原创性的创造或发明，归根结底必然源自最深刻哲学思想的开发。西方文艺复兴到科学大时代的兴起，归根结底源自哲学思想和理性思维的深入创发和百家争鸣。日耳曼民族如此，犹太民族如此，盎格鲁－撒克逊民族亦如此。是故，凡伟大科学家必为伟大哲学家，大哲学家也往往是大科学家。

凡不能创发出最深刻哲学思维的时代和国度，必不能产生真正划时代的科学文明和物质文明。人类创造力的结构层次以精神、思想、文化（核心是哲学）的创发为最高层次。

我们今日所应做的，是站在全球视野和人类文明的长远视野，创造性转化或重新创造（重复即创造）我们古圣先哲开启的生命学问（孔孟之道）来融会中西方文明，来开启世界文明的新局面。这是当今时代学者应有的责任和担当。

所以，我们可以用苏格拉底的问题"人是什么"来引入孔孟的答案。日本学者井上靖曾经出版论述孔子对人类文明贡献的著作《孔子》，其基本观点是，孔子给人类文明规划了蓝图，所以孔子是人类的导师。为人类文明规划蓝图，是回答（或必须首先回答）"人是什么"的问题。

从系统回答"人是什么"这一最基本、最根本问题看孔孟之道就是"内圣外王之道"。"内圣"就是君子之道，"外王"就是王者之道。

我试图融会中西方文明以创造性转化孔孟之道，则"内圣外王之道"当包含实践理性与纯粹理性的统一、知识与智慧的统一、识心和智心的统一、无为和无不为的统一、学统与道统的统一、人文与科学的统一、物质世界与精神世界的统一、人与自然的统一，最终直达天人合一之境。

君子之道是自律道德。君子之道的本质特征就是德行的优先性，然而君子之道终究是上下、内外、本末的贯通为一。

天下之道是社会政治经济制度的建立和完善，此为儒家学说最为缺乏者，尤其是对照西方世界过去 500 年社会科学的发展，更显儒家对人类社会组织（政治、法律、经济、社会、公司等）的探究远远不足。儒家学说始终未能创发出现代意义上的经济学、政治学、法学、社会学，未能创发出科学知识（包括自然科学和社会科学）的康庄坦途，此为儒学第一大缺憾；未创发出民主政治或政治文明的康庄大道，此为第二大缺憾。我们今日站在全球文明角度，当接续圣贤血脉的精神，并加以完善。

一切真理皆发自人之本心，此为真理的绝对标准。古圣先哲和科学大师对此都知之极深。实践为检验真理的唯一标准，此乃现代实证科学方法的基本说法。从实证科学角度看，它确实有一定道理，然而实证科学方法并非我们探求真理的唯一途径，也非最重要的途径。

《新经济学》第三卷对此有诸多说明和阐释，读者试取而读之，此不赘述。

第十一章

组织的生命力和创造力

生命的创造性和组织的秘密

所谓组织包含甚广，从家庭、学校、军队、公司，直至政府、国家和整个人类社会皆是组织。哲学家、历史学家、经济学家、政治法律学者、心理学者皆从不同视角去研究组织的产生和演化机理，研究组织内部结构的形成和运作机制，研究组织的生命周期，尤其是自然和人类社会体系里自组织的产生原理。组织的结构、激励机制和效率则是管理学者和经济学者持续研究的重要话题。

20 世纪经济学的一项重要贡献就是公司理论或一般而言的组织理论，研究重心是公司或组织的产生、内部结构（合约结构）、治理结构和激励机制。从斯密、马歇尔、奈特，到科斯、阿罗、阿尔钦、德姆塞兹、威廉姆斯、张五常等许多研究公司组织的经济学大师，他们对公司或组织的本质皆有独特的卓越见解，分析思路也大体一致，那就是从分工和协作的角度来理解公司或组织的起源、内部结构和激励机制。

考察公司或组织首先要回答的基础性问题是：人类为什么需要分工和协作。此问题看似简单，其实要深入细究，就会牵涉到生物学、人类学和心理学等重要话题。简单地说，人若真是单打独斗，则绝不可能生存下去。推而广之，今天的生物学早已证明，一切生命皆是社会性的生命，即一切生命皆是相互依存而生，整个宇宙的生命和非生命也皆是相互依存而生。地球是一个完整的相互依存的生命体系，太阳系是一个相互依存的生命体系，宇宙也是一个相互依存的生命体系。

凯文·凯利《失控》一书引用诗人莫格利的柔声咏叹："你和我，血脉相同；蚂蚁，你和我，血脉相同；暴龙，你和我，血脉相同；艾滋病毒，你和我，血脉相同。"①

凯利接着写道："生命是一种连结成网的东西——是分布式的存在。它是在时空中延展的单一有机体。没有单独的生命。哪里也看不到单个有机体的独奏。生命总是复数形式。（直到变成复数以后——复制繁殖着自己——生命才成其为生命）生命承接着彼此的联系，链接，还有多方共享。"②

生物学家早已证明，所谓进化，从来就不是生命个体的独角戏，进化永远是生命群体的交响乐。经济体系的进化、政治体系的进化、科技系统的进化、人类知识的进化等所有生命的一切创造物，莫不如是。相互依存、相互哺育、共同进化、分工协作，或许就是宇宙生命体系的最大奥秘。所以古圣先哲总是强调，人与天地万物同体。

因此，人与人之间的分工协作乃是生命的必然，经济学者只不过将分工协作的理由说得更具体、更细致一点。譬如经济学诺奖得主肯尼斯·阿罗曾经出版了一本小册子《组织的极限》，它集中讨论了人类必须分工协作的两点理由：其一是人上一百，形形色色，每个人的天赋能力差异巨大；其二是分工能够提升每个人专业工作的效率。

《新经济学》从人的创造性和创造力角度来考察分工和协作。每个人的创造性和创造力皆具独特性，皆有确定的方向和比较优势，同时也具有局限性，此乃分工的必然基础，也是协作的必然基础。分工可以充分发挥每个人独特的创造性，协作则聚合众人的创造性以提升或产生出新的整体的创造性。人类社会许多乃至全部创造物都是众人合力协作的结果。所有生

---

① 凯文·凯利. 失控：全人类的最终命运和结局 [M]. 张行舟，陈新武，王钦，等，译. 北京：电子工业出版社，2016：161.

② 凯文·凯利. 失控：全人类的最终命运和结局 [M]. 张行舟，陈新武，王钦，等，译. 北京：电子工业出版社，2016：161.

命或生物的创造和进化都有合力或协作的创造和进化。蚂蚁、狼群分工协作所产生的创造性威力早已为人类所熟知，人类相互分工和协作所产生的集体创造性则远为强大和宏伟。

经济学者对组织之谜的深刻洞见

第二个基础性的问题则更加重要和深刻：人类分工协作依靠什么机制来实现。此问题是经济学的核心问题。自斯密以来，经济学者差不多所有重要的创见皆源自对此问题的不同回答，可谓精彩纷呈。斯密的洞见是市场"看不见的手"能够有效协调，分工合作；奈特的洞见是经济社会体系天然存在的"风险和不确定性"必定导致组织或企业的产生，以此来协调具有不同风险偏好的个人的生产活动；科斯的洞见则是市场交易必定存在"交易费用"，交易费用必然导致公司或企业的产生。

其他大师级经济学者的洞见皆是斯密原初洞见的阐发或深化，盖英雄所见略同，且宇宙自然和人类社会的奥秘一旦被洞见或发现，就成为共识。后世所谓供求分析、不对称信息经济学、博弈理论、合约经济学、五花八门的公司理论、公共选择理论、政府及其赤字理论等，皆不过是探讨人类经济活动分工协调机制以及不同的机制所引发的诸多问题而已。太阳底下无新事，如此而已！依照经济学传统所积累的智慧，公司或组织之所以诞生，无非是市场协调"看不见的手"有所谓交易费用的困扰，公司或组织则是因节省交易费用而生。所谓风险、不确定性、不对称信息、合约、博弈、集体行动的困境、囚徒困境等，不过是交易费用的变种。整个 20 世纪经济学家的智慧，大体就是围绕这些视角或洞见做文章。

然而，似乎很少有经济学者从创造力的角度来研究组织。21 世纪以来，人们越来越多地开始谈论和研究学习型组织、创新型组织、开放型组织、扁平化组织等，但是似乎没有多少经济学者明确讨论组织的创造力或创造性的组织及其能力。

我致力于从人心的无限创造性角度来考察社会经济组织尤其是公司这种经济组织。任何组织皆具有自己独特的生命和生命周期、独特的基因和传承方式、独特的内部结构和治理机制。正如人类每个个体一样，世界上没有两个完全相同的公司或组织，不同公司或组织的创造力或效率是非常不同的。管理学者衡量公司效率的一个重要指标是所谓人均产出或人均利润。不同公司人均利润或人均产出的差距可以高达数倍乃至数十倍、数百倍。然而，人均产出或人均利润并不能完整描述公司创造力的差别。

企业界对不同公司创造力或创新力有许多形象的说法。譬如，三流公司卖产品、二流公司卖品牌、一流公司卖技术、超一流公司卖标准等。

公司或一般组织的创造力

公司或组织因交易费用而诞生，公司内部的科层组织及其激励机制也是因市场协调的交易费用而产生，此论点逻辑上没有错，却并未全面概括公司或组织的本质。

我从创造力的角度，将公司看作个人创造力的聚合平台或聚合体。一个优秀的公司组织能够将组成公司的每个人的独特创造力最大限度地发挥出来、凝聚起来，并创造出新的独特的创造力，即公司的能力或公司的创造力。

我还将人的创造性分为道德的创造性（精神的创造性）和知识的创造

性（物质的创造性），将人的创造力分为道德的创造力（精神的创造力）和知识的创造力（物质的创造力）。同样，我也可将组织的创造性分为道德的创造性（精神和理念的创造性）和知识的创造性（物质的创造性）。

任何组织都具有内在精神，都具有内在的创造性或创造力，都具有道德或精神的创造力，以及知识或物质的创造力。

著名的创新研究者、哈佛商学院教授克莱顿·克里斯坦森在其名著《创新者的窘境》里如此概括公司的能力："一个组织的能力由两方面构成。第一种能力是组织的生产能力，即组织的生产方法。员工如果学会这种方法，则能将劳力、能源、原材料、信息、资金、技术等所有投入转化为具有较高价值的产出。第二种能力则是组织的价值观，即组织的管理者和员工赖以做出各种决策的价值标准。"[①]

克里斯坦森所说的第一种能力就是组织或公司的物质或知识创造能力，第二种能力则是组织或公司的道德或精神创造能力。

我们可以将组织的创造力或创造性推而广之。组织或公司的道德创造性或创造力就是公司或组织的理念、文化、愿景所激发的凝聚力、创造力、感染力。从宗教组织、军队、国家、政府，到各种学校、公司、社团，以至家族或家庭，无不以价值观或理念作为核心的能力。宗教团体的首要使命或唯一使命就是进行精神的教化或道德意识的培养，以弘扬和彰显人的精神生命或道德生命。古往今来，一切伟大的宗教团体之所以长盛不衰或历久弥新，其生命力正是其宗教教义和实践所蕴含的无限创造性或创造力。

思想、文化、教育和艺术团体的首要使命同样是激发我们内心的精神创造性和创造力，以创造出最高深、最能启人心智的伟大思想，创造出最

---

① Clayton M. Christensen, *The Innovator's Dilemma: When New Technologies Cause Great Firms to Fail*. Harvard Business School Press. 1997. p.xxii.

能激扬和提升人类精神和道德情操的艺术作品，以培养或激励每个人内心深处的道德创造性和知识创造性。是故，思想、文化、教育和艺术团体的首要能力就是道德和精神的创造力和感染力。精神和道德的创造力和感染力是一切思想、文化、教育和艺术团体的灵魂。

思想、文化、教育和艺术团体的道德和精神创造力代代相传，生生不息，并不断发扬光大，恰如生命体系的创造性基因或遗传基因一样。我们走进一些著名的庙宇或殿堂，总有一种难以言表的神秘庄严之感。这种神秘庄严之感并非是一种心理错觉，而是真实存在的精神力量，是历代伟大人物的创造性心灵所累积和遗传下来的巨大精神感染力，它是真实存在的。当我们走进像剑桥大学、牛津大学、哈佛大学、北京大学等历史悠久的著名学府，我们立刻会被一种神秘庄严的氛围笼罩，这种神秘庄严的氛围正是历代伟大思想家、科学家和教育家精神积累和传承的自然结果。

我们同样可以用组织创造力的概念来分析国家和政府的本质。国家和政府也是一种组织，也具有道德与精神的创造力和知识与物质的创造力。一个国家的立国之本、一个国家赖以创立和生存的精神理念就是这个国家的道德和精神创造力。在儒家眼里，中国数千年来的理想国家是所谓的"尧舜禹三代之治"，即儒家津津乐道的"王道"政治。它正是完全基于人心的道德创造性，而基于武力强权的国家则是所谓的"霸道"政治。同样是封建帝王时代的家天下，国家治理也有优劣之分，国家命运也有长短之别，其区别就在于帝王是否具有高远的政治理想和顺应民心的仁政。假若一个国家及其政权毫无道德精神的创造性和号召力，则国家和政权根本就不可能存在，更谈不上物质财富的繁荣富强。

现代民主国家和民主政治的兴起，正是人心道德和精神创造性的伟大觉醒，从根本上改变了人类的组织方式和政治模式。民主政治的基础不是武力强制，不是外部约束，而是基于人心道德创造性的契约精神和法治精神。民主国家的宪法就是一种契约。契约精神正是人人平等和相互尊重的精神，这不正是最基本和最重要的道德理念吗？

现代民主国家和民主政治兴起之后，人类才开始出现持续的经济增长和财富积累。综观世界，凡是能够实现长期持续稳定经济增长的国家，无一例外都是民主国家或逐渐摆脱专制的国家。因为人的道德和精神创造性的弘扬和彰显，必然激发人的知识和物质创造性的弘扬和彰显。专制政府或许有可能实现短暂的经济增长或经济繁荣，却绝不可能实现长期持续稳定的经济增长和繁荣，更不可能在文化、思想、科学、技术领域有引领世界的伟大进步。因为专制政府必定以压抑人的创造性和创造力为主要执政手段，尤其是以戕害"独立之精神、自由之思想"，压制或消灭言论自由、学术自由为主要执政手段。思想、精神的创造性一旦被戕害或压制，知识或物质的创造性就必然完全枯萎或丧失。

我们唯有从这个角度，才能将人的政治自由和经济自由真正统一起来，才能将民主、自由的政府和社会组织形态与持久的经济增长统一起来。弗里德曼的名著《资本主义与自由》试图从理论上阐明政治自由和经济自由的关系，他的论断基于一种逻辑的推断和经验的判断。我从人心内在创造力和创造性的两个方向来说明，更能彰显出政治自由（主要是精神、思想的自由）乃是人的一切创造性得以弘扬和彰显的前提条件。

富有创造性和创新活力的国家，必定是政治自由、思想自由、言论自由得到充分保障的国家，必定是契约精神得到充分尊重的国家，必定是法治制度比较完善的国家，必定是对人的基本权利充分尊重的国家。对人的权利的充分尊重则是人心道德和精神创造性最重要的体现。孔子讲"仁者爱人"，孟子讲"不忍人之心"，要义皆是对人的尊重，皆是从人心的内在角度去阐明对人的尊重。现代民主制度和法治社会最伟大的制度创新就是从契约精神、契约制度和法治制度的外在层面给人的权利以充分的保护。有了对人的基本权利的妥善保障，人的创造性才可能充分激发出来，这就是为什么唯有民主法治国家才能具有长期、持续的创造力和创新力。

适应性组织和创造性组织

借用熊彼特对人类经济行为的著名分类——适应性应对和创造性应对（适应性经济行为和创造性经济行为），我们可以将公司或一切组织分类为适应性组织和创造性组织。

所谓适应性组织，就是组织能够根据外部环境的变化做出战略、机制和运营模式的调整，从而实现组织的目标或使命。所谓创造性或颠覆性组织，就是根据外部环境的变化确立完全崭新的战略、机制和运营模式（尤其是技术和商业模式），从而从根本上改造或颠覆现有的外部环境，创造出一个全新的政治、经济、商业环境或业态。

适应性组织和创造性组织的区分，与适应性个人行为和创造性个人行为的区分有异曲同工之妙。个体的经济行为或任何行为皆可划分为适应性行为和创造性行为。所谓适应性行为往往有某种被动应战的意思。英国历史学家阿诺德·汤因比以"挑战和应战"来概括整个人类历史的演进历程，他所说的"应战"其实包括了适应性的应战和创造性的应战。面对外部环境及其变化，人们通常也有"改良"和"变革"两种应对策略。所谓改良大体就是一种适应性策略，变革则是一种创造性策略。

精彩的历史故事和历史人物数之不尽。譬如，20世纪初期，面临亡国灭种的大危机，华夏仁人志士有的主张君主立宪或恢复帝制等相对保守的适应性策略，中国共产党人则主张从根本上颠覆现有社会制度和秩序，创造一个新世界，此乃创造性策略。譬如，18世纪中期，美洲殖民地和宗主国围绕税收等问题产生严重矛盾，当时有人提出调整殖民地政策的妥协安抚办法，美洲殖民地一方也有许多人主张与宗主国协商妥协的折中办法，此乃适应性策略；以汉密尔顿为代表的美国建国元勋们则断然提出独立建国的主张，此乃创造性策略。

以迎接互联网时代潮流的科技巨头为例，雅虎和其他门户网站主要是适应性应对，谷歌和百度则是颠覆性应对；绝大多数网络社交媒体采用适应性策略，脸书和腾讯则采用颠覆性策略；大多数简单利用互联网发布信息或广告的商家采用的是适应性策略，阿里巴巴和亚马逊则采用的是颠覆性策略；绝大多数商业银行和金融机构利用互联网技术改善传统业务是适应性策略，诸如支付宝、微信支付、苹果支付等则是颠覆性金融创新；移动互联网时代来临，绝大多数手机厂商采用防御性应对策略，苹果智能手机则是进行颠覆性或创造性改变；面对个人计算机日益饱和的全球市场环境，多数手机厂商试图通过改进笔记本电脑设计和提升制造质量来获取竞争优势，乔布斯则颠覆性地推出iTunes（苹果免费数字媒体播放应用程序）、iPod（苹果便携式多功能数字多媒体播放器）、iPad（苹果平板电脑）、iPhone等，上演了世界商业史上令人眼花缭乱的颠覆性历史活剧。

乔布斯创立和领导苹果公司数十年的历史，很好地上演了适应性和颠覆性策略交替的历史。1976年，乔布斯和沃兹尼亚克创办苹果，可谓是石破天惊的创举。一直到乔布斯被迫离开苹果公司，苹果公司基本上还是一个致力于颠覆性创新的企业。1986年乔布斯离开之后的苹果公司，则大体上是一个市场的适应者或追随者。1997年乔布斯重掌苹果之后，苹果摇身一变成为全球最具创新力的企业，它至少颠覆了六大行业！乔布斯去世之后，库克掌控的苹果又成为一个守成者和市场适应者，尽管市值持续飙升。

学术思想上的适应性应对和颠覆性创新或许更加令人惊叹，尽管任何伟大的思想和科学创新都是站在前辈肩上的创造或创新。犹太教、基督教、伊斯兰教的兴起当然经历了漫长的历史过程，然而那些基本理念闪现于这些宗教创始人头脑的时刻，绝对是人类历史上最令人惊叹的颠覆性创造时刻。就好比神话传说中，华夏圣贤伏羲画出八卦而"一画开天地"一般，孔、孟、老、庄皆是人类思想史上具有颠覆性创新或创造的先哲。西方思想史上的苏格拉底、柏拉图、亚里士多德、奥古斯丁，直到康德、黑格尔，也是那种具有开天辟地般奇特伟力的思想大师。

科学史上的牛顿、法拉第、麦克斯韦、达尔文、爱因斯坦、普朗克、玻尔、海森堡、薛定谔、狄拉克、费曼、沃森、杨振宁、温伯格等，皆是那种足以改变或颠覆整个科学格局的人物。所以，杨振宁称狄拉克1928年的电子运动方程式为"无中生有，石破天惊"。"无中生有，石破天惊"，当然是一切颠覆性或创造性活动的最高境界。依照杨振宁先生的说法，只有牛顿运动方程、麦克斯韦电磁学方程、爱因斯坦狭义和广义相对论方程、狄拉克方程、海森堡方程和其他五六个方程堪称达到物理学的最高境界，是造物者的诗篇。它们完美彰显了人心无限创造性那种"无中生有"的伟大创造力量。

以经济学近300年的发展历史而论，可以说绝大多数经济学者的智慧和能力皆是适应性智慧和能力，即只能运用已有的经济学思想和理论来阐释和分析新的经济现象，或者对现有经济理论和思想进行一些修正、补充和完善。真正具有颠覆性或独创性的经济学大师寥若晨星。依我之见，近300年的经济思想和理论发展史，堪称颠覆性或独创性的经济思想家或理论家大概不到20人，他们是：魁奈、斯密、边沁、李嘉图、马克思、门格尔、瓦尔拉斯、马歇尔、费雪、凯恩斯、哈耶克、米塞斯、熊彼特、奈特、科斯、张五常、蒙代尔、乔治·阿克洛夫、丹尼尔·卡尼曼。

面对生存环境的变化，世界上绝大多数人的行为反应皆是适应性行为或行动，即适当调整自己习以为常的生活方式以适应社会环境的改变，所谓"与时俱进""抓住机会""顺应潮流"等皆是适应性思维方式。世界上只有极少数人能够"无中生有，石破天惊"地去创造一个完全崭新的世界。虽然他们只是人类的极少数，却是真正创造或引领时代的人。人们称他们为英雄、领袖、开创者、开拓者、奠基者，熊彼特称他们为创新者或企业家。

与人类群体一样，面对外部市场和技术环境的变化，绝大多数企业或公司的反应皆是适应性行为，即调整产品和服务的价格，改进和提升产品和服务的质量，寻找新的市场，寻找新的原材料来源等（这是熊彼特早期对创新的定义），以应对市场环境的变化。只有极少数公司或企业能够"无中生有，石破天惊"地创造出一个崭新的商业世界。

易言之，绝大多数企业或公司的行为是跟随、模仿、调整、改善，只有极少数企业的行为称得上是颠覆、革命、真正的创新或创造（当然，人们通常也将改善或改进称为创新）。

纵观世界经济史，每个时代称得上真正具有颠覆性或革命性创新的公司寥若晨星。一个真正具有颠覆性或革命性企业的崛起就代表着一个新兴行业的诞生，通用电气和西门子的创立标志着电力时代的来临，奔驰和福特标志着汽车时代的来临，标准石油和荷兰壳牌标志着石油时代的来临，IBM 标志着大型计算机时代的来临，索尼和松下代表着现代家电时代的来临，仙童半导体和英特尔的诞生标志着信息时代的来临，苹果公司的诞生标志着个人计算机时代的降临，微软公司的诞生标志着现代软件业的诞生，谷歌、亚马逊、脸书标志着互联网时代的来临，iPhone 标志着移动互联网时代的来临，特斯拉标志着电动汽车时代的来临……

由此区分我们看得很清楚：新古典经济学着重研究的人类经济行为或公司经济行为，主要是一种适应性经济行为。然而，真正改变人类经济世界的是颠覆性或创造性行为。我们需要将研究的重心从适应性能力或适应性行为转向创造性能力或创造性行为。

据此，我们可以区分五种公司能力：

其一，完成公司或组织基本功能的能力。

其二，应对或适应外部环境改变或外部冲击的能力。

其三，主动改变或颠覆自己的能力。

其四，创造一个崭新的物质世界的能力。

其五，创造一个崭新的精神世界的能力。

前两种可称为组织的适应性能力或适应性行为，后三种可称为组织的创造性能力或创造性行为。

公司和组织的创造性基因及其形成机理

凯文·凯利《失控》一书里有一个著名论断："文化修改我们的基因。"这是一个具有震撼性的论断，它能够帮助我们深入认识创造力的本质及其形成机理。

综观世界各国和各民族，我们必须承认，各国各民族的创造力有着巨大差别，至少近代数百年如此。譬如，犹太民族人口只占全人类的千分之二，却获得全部诺贝尔奖的 27%，其中物理学奖占 29%，生理医学奖占 33%，其他顶级科学大奖，如数学领域的菲尔兹奖、计算机领域的图灵奖等，犹太人也是主要赢家。

据说犹太民族控制的财富超过全人类财富的40%！他们中的那些佼佼者创造了诸如罗斯柴尔德家族、华宝家族、高盛集团、谷歌、脸书、甲骨文等众多传奇般的企业巨头，被誉为硅谷"风险投资之父"的阿瑟·洛克也是犹太人。

如果你研读科学史（包括数学、物理学、化学、生理医学等），当你阅读到某个令人难以置信的科学奇才时，你几乎就能猜出这个人可能就是一个犹太人（猜对的概率往往超过70%）。19世纪的数学王子高斯和雅克比、思想巨人李嘉图和马克思、政治奇才迪斯雷利（两度出任英国首相），20世纪的物理学王子爱因斯坦、精神分析大师弗洛伊德、数学天才冯·诺依曼、人工智能奠基人马文·明斯基和约翰·麦卡锡、经济学大师萨缪尔森和弗里德曼，以及多任美联储主席、好莱坞大亨、媒体巨子……这个名单可以一直列举下去。

这是人类历史上极其罕见的现象，是一个绝对值得深思和深入研究的现象。犹太民族之所以产生了如此多的顶级科学家、艺术家、企业家、投资家、金融家、经济学家、媒体大亨，这与犹太民族数千年积累传承的文化基因是否有着天然的关系？

文化改造我们的基因，文化决定我们的基因。因此，文化或精神基因是个人、家庭、企业、民族、国家演化发展最重要的基因。正如苏轼诗云："腹有诗书气自华。"

创造力的复杂层次

个人的创造力是一种综合的能力，是具有内在结构层次的综合能力。

正如生物（人自身）的躯体具有异常复杂、精确乃至神秘的内在结构一样，生物（尤其人）的精神力或创造力也具有异常复杂、精确乃至神秘的内在结构。

我们可以将人的身体结构划分为各种系统，诸如心血管系统、内分泌系统、视觉系统、味觉系统、脑神经系统、消化系统等。然而这种划分其实非常片面，因为人体所有功能是一个紧密联系、相互依赖的整体，尽管不同个体之间的各个系统之间存在巨大差异。同理，一个人所具有的多重创造力（物质的、精神的、科学的或艺术的）也是相互依赖、相互联系且不可分割的整体。

世界上有一个最奇妙的现象，就是人与人之间的各种能力或天赋异禀为何差异巨大？这种差异究竟是先天形成的还是后天教育养成的？如果是先天形成的，那么又是因为什么形成了令人惊叹的智力差异？譬如，牛顿、麦克斯韦、爱因斯坦、狄拉克、杨振宁等物理学大师所具有的科学天赋完全超乎一般人的想象；欧几里得、欧拉、高斯、雅克比、黎曼、希尔伯特（David Hilbert，1862—1943）、陈省身、丘成桐等数学大师所具有的数学造诣常人不能及万分之一；洛克菲勒、卡内基、摩根、盖茨、乔布斯、任正非等企业家和创新者所具有的创新和管理天赋能够创造出富可敌国的伟大企业，并改变人类经济前进的方向。除此之外，伟大的政治家、艺术家、哲学家、音乐家、雕塑家、画家、诗人等所具有的神奇天才究竟因何而来？人类群体里为什么会产生超乎寻常的天才，而绝大多数人却平淡无奇？这是一个令人惊叹、困惑却没有任何很好解释的奇特现象。

人作为个体的创造力是一个具有内在复杂和精确结构的整体。一个组织尤其是那些伟大的企业组织也是如此。研究一个企业首先应该是研究这个企业所具有的创造力或者其内在的创造力结构。为什么那些极少数的企业能够创造出伟大的技术、伟大的产品和伟大的文化？为什么只有极少数企业能够基业长青？伟大企业及其创造力的分布与人类天才及其创造力的分布是否有某种异曲同工的规律或奥秘？

迄今为止，经济学的公司理论一直从平均的角度来考察企业，几乎没有涉及企业的创造力或创造力的结构问题。无论是新古典经济学将企业看作一个生产函数，科斯将企业看作市场的替代物，张五常将企业看作一个合约，还是钱德勒将企业看作"看得见的手"，都无法解释世界上各个企业之间创造力和创新力之间的巨大差异。

解释企业的创造力、创新力及其根源或基因，我们才能真正理解人类经济和产业动态历史演化的内在动力。我们需要转换我们考察企业或公司的视角，从创造力和创新力及其内在结构的视角来考察企业或公司。

第十二章

创造力的内在结构

个人的创造力结构具有无限多样的层面，我们本章主要从四个层面来讨论个人的创造力结构。

直觉的顿悟和理性的推理

人的创造力第一个令人惊叹的特征是直觉的创造力，或者称为直觉的顿悟。古往今来，那些最高级别的创造都是源自直觉的顿悟，而不是来自理性的思辨或逻辑的推理。宗教创始人往往将他们悟道的那个伟大时刻归功于某种神秘的神示天启，因为那不可思议的悟道时刻突如其来，没有任何所谓世俗的逻辑可以解释。

数学家的直觉的顿悟或许是最令人困惑不解的现象。像欧拉、高斯、雅克比、希尔伯特、拉马努金等数学大师的许多创造，完全是一种不可思议的神来之笔。这其中最独特的应该算是拉马努金了。

拉马努金被誉为有史以来最奇特的数学天才，印度千年以来最伟大的数学家。他没有受过正规的高等数学教育，几乎完全依靠神秘的直觉发现或提出了 3900 多个数学命题或公式。他的很多命题、公式和猜想深刻影响了后来的数学研究。世界上很多数学家致力于证明拉马努金猜想和公式，有人还因此获得了数学界的最高荣誉（菲尔兹奖）。譬如，比利时数学家德利涅于 1973 年证明了拉马努金 1916 年提出的一个猜想，并因此获得 1978 年的菲尔兹奖。

拉马努金最让人不可思议的是他那不知道从何而来的直觉能力。他发现和提出的许多数学定理被应用到他活着的时候根本想象不到的领域，包括粒子物理学、统计力学、计算机科学、密码技术和空间技术等。拉马努金生前最后发现的一个函数在近一个世纪之后，被科学家认为是解释宇宙黑洞秘密的钥匙；他提出的另外一个公式成为现代基本粒子物理学超旋理论的基本数学工具。

拉马努金的数学创造力究竟有多么强大？慧眼洞察出天才拉马努金的剑桥大学著名数学大师哈代（G. H. Hardy）曾经设计出一份数学家天才的评价表，满分为100。哈代给自己打25分，给自己的合作者、剑桥大学另一位杰出数学家利特尔伍德（John Edensor Littlewood，1885—1977）打30分；给数学家希尔伯特打80分；只有给拉马努金打100分！哈代认为拉马努金的数学天才与数学巨人欧拉和雅克比相当，或许只有数学王子高斯能够与拉马努金一拼高下。

拉马努金的数学天才来自哪里？没有人知道答案。他没有受过正规高等教育，没有家学渊源，家境也不富裕，基本靠自学成才。

物理学家里同样有许多凭借直觉的顿悟做出石破天惊伟大贡献的天才。像牛顿从苹果落地"顿悟"到万有引力，法拉第"顿悟"出电磁场概念，麦克斯韦"顿悟"出美妙绝伦的电磁场方程，普朗克"灵机一动"想出量子假设并计算出普朗克常数，爱因斯坦"顿悟"出光速不变假说和引力与加速度等价原理，等等。

天才物理学家里面，直觉顿悟能力最强大的人首推狄拉克。杨振宁先生对狄拉克的物理学天才有精彩的描述：

杨先生首先用"惊天动地"和"划时代的里程碑"来描述狄拉克的贡献："狄喇（拉）克最了不得的工作是1928年发表的两篇短文，写下了狄喇（拉）克方程：

$$(pca+mc^2\beta)\,\varphi=E\varphi。$$

"这个简单的方程式是惊天动地的成就，是划时代的里程碑：它对原子结构和分子结构都给予了新的层面和新的极准确的了解。没有这个方程，就没有今天的原子、分子物理学与化学。没有狄喇（拉）克引进的观念就不会有今天医院里通用的核磁共振成像（MRI）技术，不过此项技术实在只是狄喇（拉）克方程的一项极小的应用。"①

杨先生接着形容狄拉克方程："狄喇（拉）克方程'无中生有、石破天惊'地指出为什么电子有'自旋'（spin），而且为什么'自旋角动量'是1/2而不是整数。初次了解此中奥秘的人都无法不惊叹其为'神来之笔'，是别人无法想到的妙算。当时最负盛名的海森伯（堡）看了狄喇（拉）克的文章，都无法了解狄喇（拉）克怎么会想出如此神来之笔。"②

连海森堡这样伟大的物理学家都无法了解狄拉克的"神来之笔"，这就好比当年剑桥大学的数学大师哈代根本无法理解拉马努金那些"无中生有"的数学命题、公式和猜想一样。直觉的顿悟就是无中生有、石破天惊的神来之笔。杨先生对狄拉克物理学成就和风格的描述可谓美妙绝伦，恰如其分。

杨振宁先生接着就谈到狄拉克物理学的独特风格：

> 20世纪的物理学家中，风格最独特的就数狄喇（拉）克了。我曾想把他的文章的风格写下来给我的文、史、艺术方面的朋友们看，始终不知如何下笔。去年偶然在香港《大公报》大公园一栏上看到一篇文章，其中引了高适（700—765）在《答侯少府》中的诗句："性灵出万象，风骨超常论。"我非常高兴，觉得用这两句诗来描述狄喇

① 杨振宁.杨振宁文录：一位科学大师看人和这个世界[M].海口：海南出版社，2002：279.
② 杨振宁.杨振宁文录：一位科学大师看人和这个世界[M].海口：海南出版社，2002：279–280.

（拉）克方程和反粒子理论是再好没有了：一方面狄拉克方程确实包罗万象，而用"出"字描述狄喇（拉）克的灵感尤为传神。另一方面，他于 1928 年以后四年间不顾玻尔（1885—1962）、海森伯（堡）、泡利等当时的大物理学家的冷嘲热讽，始终坚持他的理论，而最后得到全胜，正合"风骨超常论"。

可是什么是"性灵"呢？这两个字连起来字典上的解释不中肯。若直觉地把"性情""本性""心灵""灵魂""灵感""灵犀""圣灵"（ghost）等加起来似乎是指直接的、原始的、未加琢磨的思路，而这恰巧是狄喇（拉）克方程之精神。刚好此时我和中文大学童远方博士谈到《二十一世纪》1996 年 6 月号钱锁桥的一篇文章，才知道袁宏道（1568—1610）［和后来的周作人（1885—1967）、林语堂（1895—1976）等］的性灵论。袁宏道说他的弟弟袁中道（1570—1623）的诗是"独舒性灵，不拘格套"，这也正是狄喇（拉）克作风的特征。"非从自己的胸臆流出，不肯下笔"，又正好描述了狄喇（拉）克的独创性！ [①]

感谢伟大的物理学家杨振宁先生，他为我们理解直觉的顿悟提供了最佳范例和最美的语言。"性灵出万象，风骨超常论""独舒性灵，不拘格套""非从自己胸臆流出，不肯下笔""直接的、原始的、未加琢磨的思路"，这就是人类最独特的创造力、最伟大的创造力、最原初的创造力！

伟大企业家和创新者同样常常依靠直觉的顿悟，最杰出者当属乔布斯。乔布斯直觉顿悟的思维方式与他早年就痴迷于禅修有很大关系。乔布斯的同学丹尼尔·科特克曾经说："乔布斯非常非常相信禅宗，禅宗对他的影响

① 杨振宁. 杨振宁文录：一位科学大师看人和这个世界 [M]. 海口：海南出版社，2002：280–281.

极其深远和强大。你看看他那种质朴甚至原始的生活方式，极简风格的美学态度，心无旁骛的高度专注，就知道禅宗对他影响有多么深刻。"乔布斯后来自己回忆说："我开始认识到，直觉和意识远比抽象的思考和智力的逻辑分析要重要得多。"

与直觉的顿悟相对应的则是理性的思辨能力或推理能力。理性的思辨能力或推理能力就是运用基本概念、基本原理和逻辑方法，发现内在真理或规律的能力。这种能力虽然有高下之分，却是人类普遍具有的一种能力，即使是我们每个人的日常生活和工作决策也往往需要运用一点点理性思辨或推理能力。哲学家、数学家和科学家则是运用理性思辨能力的高手。

古往今来，理性思辨能力最强者，恐怕非康德莫属。他的《纯粹理性批判》《实践理性批判》《判断力批判》应该是人类理性思辨能力的巅峰之作。康德对理性思辨能力（纯粹理性）的完备、精确和细致程度有着常人难以想象的信心和最高要求。

《纯粹理性批判》序言里说："的确，纯粹理性是如此完美的一个统一体，以至我们必须明确认识到：如果纯粹理性的原理不足以解决所有一切问题中的哪怕一个，那么我们就别无选择，只好抛弃全部纯粹理性的原理，须知纯粹理性本身就是为了解决所有一切问题而诞生的。因为，假若纯粹理性的原理不足以解决所有一切它致力于解决的问题中的哪怕其中一个，那么我们在处理所有其他任何问题的时候，就不再能够对纯粹理性抱有原本是不言自明的信心了。"[1]

经济学里运用理性思辨能力的巅峰之作应该是瓦尔拉斯、阿罗-德布

---

[1]　Immanuel Kant, *Critique of Pure Reason*, The Macmillan Press Ltd., 1933, p.10.

鲁的一般均衡模型。这些经济学大师运用高深的数学技巧，基于一些严格的假设，构造出一个逻辑上完美无瑕的经济体系，并推导出许多高深莫测的重要结论（如帕累托最优准则、福利经济学的基本定律等）。或许正是因为瓦尔拉斯体系的包罗万象和逻辑严密，才让熊彼特相信瓦尔拉斯是有史以来最伟大的经济学家！

即使稍微运用一点儿理性思辨能力，也往往会得到令人意想不到的成果。譬如以研究规模收益递增闻名的布莱恩·阿瑟曾经提出过一个"爱尔法鲁酒吧问题"。布莱恩就职的桑特菲研究所旁边有一家名为"爱尔法鲁"的酒吧。每个星期四晚上，爱尔法鲁酒吧有爱尔兰音乐专场，顾客爆棚。如果酒吧里人不太多，待在里面就很愉快；如果过于拥挤，愉悦感就会大幅减少。阿瑟据此提出一个猜想：某个特定的晚上，假若每个人都预期很多人会去酒吧，那么大家就都不会去，实际结果就否定了预期；相反，假若每个人都预期很少人会去，那么大家都会去，实际结果同样会否定预期。

如此简单的一个思辨却提出一个重大问题：理性预期是自我否定的！布莱恩提出的这个"爱尔法鲁酒吧问题"后来启发物理学家和经济学家开始构建所谓"少数者博弈模型"，并渐渐成为一个颇为热门的研究课题。

人类创造力里最神奇和最重要的就是直觉的顿悟。然而，直觉的顿悟似乎没有可靠的训练办法，这种能力似乎是与生俱来的天赋异禀，或者是可遇不可求的"神示天启"（当然有人相信艰苦的修行能够训练或开启人的直觉能力）。理性的思辨能力或推理能力则有可靠的训练途径，不过要达到高妙之境，也非天赋异禀而不能。呜呼！人类任何领域的超绝天才，毕竟是凤毛麟角，不可多得。

想象力和知识

"想象力比知识重要"，这是爱因斯坦的名言。想象力究竟是一种什么能力呢？从爱因斯坦发现狭义相对论和广义相对论的历程来看，想象力至少包含如下能力：一是将事物推到极端，以观察其效果的能力；二是善于将不同的现象关联或等价起来的能力；三是敢于颠覆传统智慧和权威理论的能力；四是善于转换角度思考习以为常的问题的能力。著名创新研究者克里斯坦森和同事合著的著作《创新者的基因》里，将连接或跨界思维能力列为创新五大技能之首，连接或跨界思维能力就是想象力。

爱因斯坦发现狭义相对论的契机正是他 16 岁的时候设想自己以光的速度追逐一束光会产生怎样的效果。这就是诞生狭义相对论的著名思想实验。

爱因斯坦回忆说："如果我以速度 c（也就是光在真空里的速度）追逐一束光，那么我应当观察到作为一种电磁场的一束光处于静止状态，尽管会有空间里的震荡。然而，无论是基于经验事实，还是根据麦克斯韦方程，这种现象似乎都不会发生。从最初那一刻起，直觉就清楚地告诉我，从那个追逐光速的观察者的立场来看，所有事情的发生都必须遵照同样的定律，也就是和那个相对地球处于静止状态的观察者必须遵照的同样的定律。因为，第一个观察者（以光速追逐光束的观察者）如何知道或者如何能够肯定他自己是处于一个快速的匀速运动状态呢？这个看似自相矛盾的悖论实际上就已经蕴含了狭义相对论的思想种子。"[1]

爱因斯坦发现广义相对论的契机则是他想象一个人处于自由落体时的状态，从而得出加速度和引力等价原理。爱因斯坦将自己这个想象所得到

---

[1]　Walter Isaacson, *Einstein: His Life and Universe*, Simon & Schuster, 2007. p.114.

的惊人结果称为他"一生里最幸福的思想"。

爱因斯坦后来回忆："我坐在伯尔尼专利办公室的一把椅子上，突然，一个完全意想不到的想法从我脑海里喷薄而出：如果一个人处于自由落体，那么他将不会感觉到自己的重量。"①爱因斯坦从这个著名的思想实验里得到了物理学历史上最著名的等价原理——引力和加速度等价原理，从而激励他踏上了长达8年的创立广义相对论的伟大征程，创造了"人类思想史上最伟大的成就之一"（电子发明者约瑟夫·约翰·汤姆逊的评语）。

爱因斯坦发现相对论的另外一个重要思想突破是他果断放弃牛顿以来统治物理学思维的绝对时空观念，以及19世纪已经成为权威理论的以太学说。研究物理学历史的人认为，当时资深的大物理学家和数学家，如庞加莱（Jules Henri Poincaré, 1854—1912）和洛伦兹（Hendrik Antoon Lorentz, 1853—1928），离发现狭义相对论只差那么一小步，然而他们都缺乏抛弃传统思维和权威理论的能力和勇气。

善于转换角度思考习以为常的问题，是想象力的重要体现。经济学者里有很多精彩例子。譬如，科斯1960年发表的产权经济学和法律经济学的经典论文《社会成本问题》，灵感之源就是换一个角度思考老生常谈的"损害赔偿问题"。

《社会成本问题》开头就写道："传统的分析方法掩盖了必须做出的选择的实质。人们一般将该问题视为甲给乙造成损害，因而所要决定的是如何制止甲？但这是错误的。我们正在分析的问题具有相互性，即避免对乙的损害将会使甲遭受损害。必须决定的真正问题是，是允许甲损害乙，还是允许乙损害甲。问题的关键在于避免较严重的损害。"②

---

① Walter Isaacson, *Einstein: His Life and Universe*, Simon & Schuster, 2007. p.145.

② R.H. Coase, *The Firm, the Market, and the Law*, The University of Chicago Press, 1988. p.66.

另外一个著名例子是蒙代尔 1961 年开启的最优货币区理论，并为欧元奠定理论基础的经典论文《最优货币区理论》。该文的主要灵感就是突破传统思考汇率问题的国别界限，直接问一个新问题：假若要两个货币之间的汇率相互浮动，那么两个货币区的确定究竟是以主权国家界限划分货币区最佳，还是以某种经济区域来划分最佳？

在人类所有想象力之中，艺术家的想象力最为奇特、瑰丽和壮美。科学家的想象力往往要受到科学假设和基本原理的约束，艺术家的想象力则没有这个限制，诗人的想象力更是可以上天入地、天马行空、神游八荒。我们试以伟大诗人屈原的《离骚》为例：

> 朝发轫于苍梧兮，夕余至乎县圃。
> 欲少留此灵琐兮，日忽忽其将暮。
> 吾令羲和弭节兮，望崦嵫而勿迫。
> 路漫漫其修远兮，吾将上下而求索。
> 饮余马于咸池兮，总余辔乎扶桑。
> 折若木以拂日兮，聊逍遥以相羊。

屈原的想象力超越时空，横贯古今，创造出一个奇特瑰丽的诗的世界，给人类以无限的遐想和永恒的启迪。伟大的诗人必然具有一流的智慧和情感，一流的智慧和情感必然激发出无限丰富的想象力。伟大的诗人常常从意想不到的视角展示出生命的美妙和奇绝，彰显出生命的无限可能和永恒魅力。故《毛诗·关雎序》有曰："正得失，动天地，感鬼神，莫近于诗。"

我们再举一个李清照的例子。李清照应该是中国古往今来最了不起的女词人。她那首《渔家傲·天接云涛连晓雾》所表现的丰富而高远的想象，实在令人神往：

> 天接云涛连晓雾，星河欲转千帆舞。仿佛梦魂归帝所。闻天语，殷勤问我归何处。

> 我报路长嗟日暮，学诗谩有惊人句。九万里风鹏正举。风休住，蓬舟吹取三山去。

原理构建能力和经验归纳能力

科学创造有两种主要能力：一是经验归纳能力，二是原理构建能力。所谓经验归纳能力，就是从观察到的经验事实里归纳出一般的规律；所谓原理构建能力，则是从某个或某几个最基本的原理或原则出发，演绎出一般的规律。

这两种能力究竟哪个更重要，还是同等重要，答案见仁见智。因为具备高超经验归纳能力和高超原理构建能力的科学家皆能做出划时代的贡献，事实上很多科学大师同时具备这两种能力。

经验归纳法通常又被称为英国经验主义传统（当然不是很严格），原理构建法被称为欧洲大陆理性主义传统。就经济学而言，英国经验主义传统的主要代表人物是：洛克、休谟、斯密、穆勒、杰文斯、马歇尔、费雪（费雪实际上横跨英国经验主义和大陆理性主义）、凯恩斯、弗里德曼、科斯、张五常等；欧洲大陆理性主义传统的主要代表人物是：重农学派创始人魁奈、古诺、瓦尔拉斯、门格尔、李嘉图、马克思、熊彼特、米塞斯、哈耶克、萨缪尔森、阿罗、德布鲁、莫里斯·阿莱、蒙代尔等。

斯密的《国富论》、马歇尔的《经济学原理》、费雪的《利息理论》、弗里德曼的《消费函数理论》和《美国货币史》、科斯的《联邦通讯委员会》和《社会成本问题》、张五常的《经济解释》，可算是英国经验主义经济学传统的经典代表之作，它们皆是来自对现实经济现象的观察和归纳。魁奈的《经济表》、李嘉图的《政治经济学及其赋税原理》、马克思的《资本论》、瓦尔拉斯的《纯粹经济学要义》、熊彼特的《经济发展理论》、米塞斯的《人的行为》、哈耶克的《自由宪章》、阿罗 – 德布鲁的一般均衡模型，可以算作原理构建或理性主义传统的经典代表，它们皆是以某些最一般的假设和前提出发，演绎出宏大的理论架构。

这种划分当然不无随意之嫌疑，因为每一位经济学大师或科学大师都在很大程度上同时具备两种能力，而且他们在学术生涯的不同阶段，往往会对科学真理的本质以及发现科学真理的方法有不同的观点。爱因斯坦就是最著名的例子。

青年时代的爱因斯坦深受休谟、康德和马赫为代表的实证哲学或经验主义哲学的影响。年仅 12 岁的爱因斯坦就开始阅读康德的《纯粹理性批判》，大学期间和朋友共同创立名为"奥林匹亚科学院"（Olympia Academy）的读书会。他们阅读的经典著作包括休谟的《人性论》、恩斯特·马赫的《感觉的分析》和《力学及其发展的批判历史概论》、亨利·庞加莱的《科学与假设》。这些经典著作的共同主题是：科学知识必须以经验事实为根据，必须以可定义、可观察、可测量的事实为研究对象。马赫尤其强调科学研究对象必须能够明确定义和观测，所以他完全否定牛顿的绝对时空概念，因为绝对时空概念无法定义和观测。青年时代的爱因斯坦完全接受了这些重要理念，激励他抛弃绝对时空和以太学说，创立了石破天惊的狭义相对论。

创立广义相对论之前的爱因斯坦，可以说是一个真正的经验主义者或实证主义者。1933 年 6 月 10 日，爱因斯坦在牛津大学发表演讲《关于理论物理学的方法》，其中有一个著名的论断："纯粹的逻辑思维不能给我们任何关于经验世界的知识；一切关于实在的知识，都是从经验开始，又终结于经验。"[①]

然而，创立广义相对论之后，爱因斯坦关于科学真理及其科学方法的本质的观点有明显的变化。1936 年，爱因斯坦发表文章《物理学和实在》，明确宣称："我们现在特别清楚地领会到，那些相信理论是从经验归纳出来的理论家是多么错误啊。甚至伟大的牛顿也不能摆脱这种错误（牛顿曾经说：我不作假设）。"[②]1938 年，爱因斯坦给前助手兰佐斯的信里更加明确地说："从有点像马赫的那种怀疑的经验论出发，经过引力问题，我转变成为一个信仰理性论的人，也就是说，成为一个到数学的简单性中去寻求真理的唯一可靠源泉的人。"[③]爱因斯坦关于科学本质最著名的一句话是："纯粹思维可以把握实在。"

从培养和提升创造力的角度看，经验归纳能力和原理构建能力两者不可偏废，理应相辅相成，相得益彰。

隐性知识和显性知识

1958 年，英籍匈牙利裔科学家和哲学家迈克尔·波兰尼提出"隐性知

① A. 爱因斯坦. 走近爱因斯坦 [M]. 许良英，王瑞智，编. 沈阳：辽宁教育出版社，2005：155–156.

② 许良英，等. 爱因斯坦文集：增补本. 第一卷 [M]. 北京：商务印书馆，2009，490.

③ A. 爱因斯坦. 走近爱因斯坦 [M]. 许良英，王瑞智，编. 沈阳：辽宁教育出版社，2005：189.

识"和"显性知识"的区分。哈耶克对此概念颇为推崇，详尽阐释，成为其"自发自在社会秩序"学说的重要理论基础。隐性知识和显性知识的区分，对于我们考察人的创造性和社会经济体系的创造性和创新机制，也有重要的启发意义。

正如前述复杂性一样，隐性知识和显性知识也很难精确定义。概而言之，凡是能够以语言文字、符号或数学公式明确或准确表达出来的知识，称为显性知识；凡不能以语言文字、符号或数学公式明确或精确表达的知识，称为隐性知识。

所谓隐性知识，颇像我们所说的"只可意会不可言传"的知识。我们常说的"境界""风格""气质""魅力""气场""氛围"，以及风俗习惯、处世态度、社会心理等，皆属于隐性知识，因为此类知识难以用语言准确描述。广而言之，所谓"文化"就是一种隐性知识，谁能给文化以明确的描述？古往今来，许多哲人以各种术语概括国民性或国民心理，诸如鲁迅先生的"阿Q精神"、李宗吾先生的"厚黑学"、柏杨先生的"酱缸文化"等，其实也属于一种隐性知识。

牟宗三先生融会中西哲学，提出"分别说"和"非分别说"的区分，与波兰尼"显性知识"和"隐性知识"的区分有异曲同工之处。所谓"分别说"，即能够用语言、概念、符号、逻辑（包括数学）明确或精确地表达；所谓"非分别说"，即无法以语言、概念、符号、逻辑明确或完全予以表达。儒、释、道三教哲理博大精深，浩瀚无际，最高境界处则无以言表。所谓"无须说，一说便错""实相一相，所谓无相，即是如相""心行路绝，言语道断"，皆是一种只可意会不可言传的崇高境界或神秘境界。此种境界唯有个人潜心修行才有望企及或体验。

考察个人的创造性、组织（公司）的创造性，乃至国家、民族、社会经济体系的创造性，隐性知识和显性知识的分别有如下重要的含义。

其一，那种只可意会不可言传的文化氛围对个人、公司、民族、国家的创新力和创造力具有决定性。这种文化氛围或隐性知识就是创新生态体系的核心基因。这就好比一个良好的生态体系能够孕育数之不尽的动植物新物种，能够永远创造不可预知的生命奇迹。

当一个良性的创新生态体系，特别是一个多元、包容、开放的文化氛围形成之后，伟大的创新者就会如雨后春笋般不断涌现。硅谷、以色列、波士顿128号公路和剑桥大学科技园、深圳、杭州、东京湾等全球最负盛名的创新中心，共同特征就是开放、多元、包容。

相反，官本位文化、酱缸文化、厚黑文化盛行的时代和地区，绝不可能有任何真正意义上的文化思想和科技创新。许多政府忙于出台各种鼓励创新的优惠政策，虽然不无作用，其实是舍本逐末。我们应该深入研究激励创新的隐性知识或文化氛围究竟是如何形成的，究竟具有怎样的规律。《新经济学》第五卷将以硅谷和以色列为例来详尽说明。

其二，家学渊源、师徒传承、学术研究机构和社团（大学和各种研究所）的精神传承等，"无形组织"或"自组织"，是个人、公司、国家、民族创新力和创造力的主要载体。

许多伟大的科学家和学者皆有辉煌的家学渊源，古今中外，概莫如是。英国、德国、美国、日本等许多国家的大家族往往孕育出这个国家最优秀和最伟大的人物，比如，英国的罗素和丘吉尔就是最杰出的例子，晚清中兴名臣曾国藩凭借一部家书培养了一代又一代的优秀人才，大历史学家陈寅恪的深厚家学渊源至少可以追溯四代以上。

大学者钱锺书，大科学家钱学森、钱三强、钱伟长，诺贝尔化学奖得主钱永健，还有许许多多"钱"姓著名人物，皆出自江浙传承千年之久的著名钱氏家族，这大概是中国历史上传承最久、人才最鼎盛、成就最辉煌的家族。可见，家族精神传承的隐性知识往往是比任何力量都要强大的生命内能。

师徒精神传承应该是人类最持久的激励创造和创新（有时也成为创新和创造的阻碍，凡事皆有两重性）的隐性知识。师以徒名，徒以师名，是人类文化历史上最令人向往的佳话。以经济学为例，剑桥大学的马歇尔创立剑桥大学经济学流派，其弟子包括凯恩斯父子、庇古等，皆成为英国和世界经济学领域的杰出人物；凯恩斯在剑桥的弟子则包括罗宾逊夫妇等，其中琼·罗宾逊夫人堪称有史以来最杰出的女性经济学者。罗宾逊夫人也是门生遍天下，最著名者包括印度第一位诺贝尔经济学将得主、剑桥大学三一学院院长阿玛蒂亚·森。

芝加哥大学大宗师奈特是 20 世纪美国最深刻的经济思想家，他有多位弟子荣获诺贝尔奖（弗里德曼、施蒂格勒、詹姆斯·布坎南等）。萨缪尔森是 20 世纪后期美国经济学的领军人物，至少已经有 6 位弟子和合作者荣获诺贝尔奖（劳伦斯·克莱因、罗伯特·蒙代尔、约瑟夫·斯蒂格利茨、罗伯特·莫顿、保罗·克鲁格曼、威廉·诺德豪斯等）。师徒精神，薪火相传，天才辈出，群星灿烂，可谓人类精神创造力的伟大奇观。

当然，最重要者还是大学和研究机构的代代积累。大学和研究机构是一个国家最重要和最伟大的财富。我们可以说，英国之所以迅猛崛起为"大英帝国"，主要贡献者就是牛津大学、剑桥大学、皇家学会等学术机构。牛津大学是英国的人文重镇，剑桥大学则是英国的科学重镇。

剑桥大学引以为豪的伟大科学成就数之不尽。剑桥大学孕育的诺贝尔奖得主多达 100 多位，著名的卡文迪许物理实验室就诞生了 38 位物理学诺奖得主，这不能不说是一个奇迹。人类现代物理学的诞生和发展，很大程度上就是剑桥大学的贡献，那里诞生了牛顿、麦克斯韦、汤姆逊、狄拉克、霍金等难以计数的伟大科学家。有人说，人类对自然和自身认识的三次伟大革命都来自剑桥大学或与剑桥大学有关。第一次是牛顿开启现代物理学和现代科学；第二次是达尔文开启现代生物学和进化论；第三次是沃森和克里克发现DNA双螺旋结构，开启现代分子生物学。

德意志民族能够跃居世界科技和产业之巅，同样是依靠像柏林洪堡大学、哥廷根大学、哥尼斯堡大学、亚琛工业大学、普鲁士科学院等众多顶级大学和研究机构。柏林洪堡大学诞生了多位诺贝尔奖得主，是现代物理学、化学、医学和生理学的主要发祥地之一。哥廷根一个城市就孕育了几十位诺奖得主，还诞生了像高斯、黎曼这样人类有史以来最伟大的数学家。

德意志民族还产生了诸如康德、黑格尔、费希特、叔本华、马克思、尼采等世界超一流的哲学家和思想家；像歌德、海涅等世界超一流的诗人和文学家；像海顿、贝多芬等世界级的音乐家。这样一个民族当然是世界上具有最高级精神和物质创造力的民族。

美国崛起为世界超级强国，主要得力于美国科技和产业的迅猛发展。科技和产业的迅猛崛起则主要源自美国众多世界一流和超一流的大学和研究机构，特别是私立的研究型大学、专注科学与技术的理工学院，以及美国大企业所创立的内部研究所或实验室。它们共同构成了美国创新生态体系的智慧中心、活力之源和灵感之源。

现代信息科技时代的来临，主要归功于麻省理工学院、加州理工学院、卡内基·梅隆大学、斯坦福大学和贝尔实验室。美国电话电报公司1908年创立的贝尔实验室是晶体管的发明者，那是整个信息科技时代最重要的发明。贝尔实验室曾经荣获多达十多个诺贝尔奖，这是世界上绝大多数国家都无法企及的成就。通用电气公司的内部实验室（魔法屋）、IBM公司内部实验室都曾荣获不止一个诺贝尔奖，施乐公司在硅谷创立的研究所开创了现代个人计算机几乎全部的关键技术。

这样的例子不胜枚举。我在《新经济学》第五卷里还要详细描述美国以大学和研究机构为中心的创新生态体系，这才是美国成为世界超级霸权国家的核心秘密。

无论是个人创造力、公司创造力还是国家和民族的创造力和创新活力，首要的前提条件是必须拥有一个开放、多元、包容的文化氛围和生态体系，这是我研究全球创新生态体系所得到的最重要结论，也是"隐性知识"和"显性知识"概念给我们最重要的启发。

创造力本身是一个持续演化的生命体系

或许我们将个人、公司、大学、政府、宗教乃至一切组织皆看成一个具有内在生命活力的生态体系，能够帮助我们理解它们所具有的千差万别的创造力。任何个人，无论他具备多高的天赋才能，假若离群索居或者与人类已经积累的知识体系完全隔离，都将不会具有任何创造力和创新力。因此，创新和创造是集体合作的成果，是一个富有创造力的生态体系或生命体系所孕育的结果。这就是为什么对于任何个人的创造力和创新力而言，其出生的地域或社区环境、家学渊源、就读什么样的大学、与什么人为友、拜什么人为师、合作者是谁，如此等等，皆有极其重大的关系。由此我们可以解释人类历史上那些最有趣和最重大的现象。

其一，人类最富创造力的思想皆产生于思想激烈纷争、相互激荡的时代和地区。中国的诸子百家时代、欧洲的文艺复兴时代皆如此。

其二，人类历史上那些伟大的创造和创新皆源自伟大的学校或研究机构。古代的书院、师徒讲学，现代的大学和研究机构，就是具有内在创造力和创新力的生态体系。

其三，人类历史上那些伟大的创造和创新皆出自少数真正具有自由、独立、开放精神或氛围的国家、地区、大学或企业。

其四，凡是思想独立和自由受到压制和戕害的国家、地区或时代，必然是人类创造力和创新力被压制和戕害乃至完全消亡的时代。欧洲黑暗的中世纪、中国漫长的封建专制时代皆如此。

我们如何解释地球上那么多国家、城市、公司、大学或研究机构，却只有极少数真正具有原创性的创造和创新力，我们只有从一个生态体系的视角去理解。

公司和组织的创造力超越个人的创造力

宇宙自然和人类社会演化发展的一个基本规律就是：总体大于个体之和。亚里士多德就深刻认识到这个基本规律。现代复杂理论和混沌理论从一个新的角度证明了这个基本规律。雪崩那种惊天动地的庞大力量无法用无数片细小雪花晶体之和来解释；湍流的奇特运动无法用大量水分子之和来说明；金融市场的恐慌性崩盘无法用大量投资者的投资行为之和来阐释；任何复杂生命体或生物体如果细分下去都是一堆分子、原子、电子或基本粒子，然而一堆基本粒子、电子、质子、原子、分子之和却完全无法解释奇妙生命体的起源、演化和创造性活动。

长久以来，科学家试图以"总体等于个体之和"的思维方式来解释自然世界尤其是生命体系的复杂现象，结果发现完全不行。经济学者的思维今天依然停留于"总体等于个体之和"，本质上，我们今天还没有真正的宏观经济学。

　　同样，我们无法仅仅用个人创造力之和来解释任何公司和组织的创造力。历史上那些伟大的组织（宗教团体、帝国、基业长青的公司、大学和研究机构），其创造力远远超过任何个人的创造力。通过创造合适的组织来聚集个体的创造力并由此形成新的创造力，乃是人类最伟大的创造之一，正如马克思盛赞股份公司的发明是人类有史以来最重要的发明之一。任何组织一旦形成了自己独特的基因，便能够代代相传复制下去，正如生命体的本质是基因代代相传自我复制一样。

　　一个强大的组织基因就是组织的文化基因或精神基因，本质上，它就是生命最本质的内能或宇宙最本源的内能，即渴望永恒创造和创新的那种无限的能量。唯有精神的内能具有最强大的感召力和自我复制、自我传播的能力。一个伟大人物之所以会成为人类永恒的精神导师和灵感源泉，是这个伟大人物蕴含和彰显了宇宙和人心最深刻的生命内能，为所有人类的生命个体指明了生命前进的方向。

　　一个伟大组织同样如此。一个伟大组织的精神或文化基因首先源自创始人强大的生命能量。这种生命能量就好比一个强大生命个体的基因，能够自我复制，能够最充分地吸引外部能量和物质，让自己的生命体变得更加强大和持久。任何伟大组织的灵魂人物给组织所注入的精神或文化基因，必然吸引人类群体里那些最优秀者加入这个组织，从而不断强化这个组织自我创造和创新的能力。任何伟大的组织正如伟大的人物一样，不仅是一个具有内在动能的生命体系，而且具有代代相传、自我复制的能力。

　　譬如，现代企业历史上那些伟大公司，诸如杜邦、通用电气、美国电话电报公司及其著名的贝尔实验室、波音、英特尔、苹果、谷歌、亚马逊、西门子、丰田、华为等，它们的创造力远远超过构成这些伟大公司的个人，它们的生命周期同样远远超过构成这些公司的个体。假若我们将这些公司与人类群体中的个人相比，我们可以称它们为公司群体里的"天才型公司"，堪与历史上那些最伟大的创造性天才相提并论。正如人类群体里有天才型或通才型的伟大人物，组织或公司群体里同样有天才型或通才型的伟大公司。研究公司创造力和创新力的根源及其演化历程，才是理解人类创造性经济活动的关键。毕竟，我们今天全部的经济增长和财富创造都来自公司。

伟大家族的代代传承是人类历史上一个极其重要的现象，很大程度上决定了一个地区、一个国家和一个民族的兴衰。家族传承的基因不仅是生物学意义上的"蓝血基因"，更重要的是一种激励家族成员追求成功、荣耀、高贵的文化和精神基因。家族前辈的丰功伟绩成为家族文化和精神基因的标志和代代相传的法宝，永远激励后人以及族类的其他人朝着崇高的目标迈进，创造更加辉煌的功业。这与伟大公司、伟大宗教团体、伟大大学和研究机构的精神文化传承本质上是完全一样的。我们必须从创造力角度考察它们，因为它们的共同特征是：精神和文化基因的传承者。精神和文化基因是一切创造和创新的源泉。

我们如何解释西方文明在 17 世纪开启了科学时代？自那时起，伟大的科学天才、科学通才层出不穷，其背后的精神和文化基因如何形成的？文艺复兴和宗教改革应该是最根本原因。

我们如何解释犹太民族对人类文明的贡献如此惊人？犹太民族对人类文明贡献的比例远远超越他们占全人类人口的比例，背后的精神和文化基因必然要追溯到犹太民族的宗教源泉。犹太民族中的伟大创造者，如高斯和爱因斯坦，他们所具有的超级的天才智慧，实在令人匪夷所思。

从对人类科学的贡献来看，中华民族至少过去几个世纪以来的贡献是很难令人满意的，与中华民族占全人类的比例极不相称。很大程度上，中华民族至今还没有形成一种真正深刻而广泛的"爱智慧，爱知识"的文化精神基因。

如何培育富有想象力、创造力和创新活力的经济生命体系

我们对经济生命体系的探索才刚刚起步。我们已经明白：人类经济体系是一个具有无限创造性和无限可能性的生命体系，是一个持续和永恒动态演化的进化体系，是一个不断突变或非线性变迁的复杂体系，是一个不断涌现各种新组织和新秩序的自组织体系，是一个远离平衡态的耗散结构体系。

人类经济体系的本来面目是一个具有无限创造性、持续动态演化的生命体系，绝非新古典经济学所假设或臆想的机械体系。从生命体系的视角来考察和理解人类经济体系，是最根本的经济学范式转变。

范式转变的第一要义是重新认识经济体系演化发展的动力之源。新古典经济学假设的经济机械体系没有内生动力之源，一切变化皆源自外部冲击。新经济学范式发现人类经济生命体系演化发展的动力之源就是人心面向未来的无限创造性，即生命内能或创造性内能。生命内能或创造性内能"从无生有"，创造出一切秩序和一切财富。探索生命内能或创造性内能的内在规律和无限多样的表现形式，正是经济学和所有社会科学（一切人学）的首要任务。

范式转变的第二要义是重新认识经济体系里的个体行为。新古典经济学将个体行为理解为局限条件下追求效用最大化的选择行为，只能描述个体经济行为的一小部分（我称之为适应性经济行为的一小部分）。新经济学范式明确区分人的适应性经济行为和创造性经济行为，发现面向未来的创

造性经济行为才是经济体系动态演化的根本动力。经济学研究的重心必须是个人面向未来的无限创造性行为，尤其是最能彰显无限创造力和创新活力的企业家和企业家精神。因为，正如乔布斯最推崇的那句名言所说："未来不是预测出来的，未来是创造出来的！"

将重点转向个人面向未来的无限创造性，我们就必须深入系统地研究个人创造力的内部结构和千姿百态的表现形式，就必须深入研究激发、弘扬和提升个人创造力的社会经济生态体系，尤其是教育生态体系。《新经济学》第四卷的重要主题就是探索个人创造力的内在结构。

将重点转向人心面向未来的无限创造性，我们就必须从全新的视角考察和理解市场、公司、组织、经济增长等所有重大经济现象，就必须发展全新的市场理论、公司理论、组织理论和经济增长理论。《新经济学》第二卷做了初步努力，第四卷进一步从复杂性、自组织和经济进化论的视角重新考察上述重要课题。

范式转变的第三要义是重建宏观经济学。新古典传统的宏观经济学起自凯恩斯《就业、利息和货币通论》的总供给和总需求分析，即将个体行为或变量简单加总以解释宏观经济现象。根本理论基础依然是新古典经济学将经济体系类比为一个机械体系。机械体系的各个变量是线性关系，自然能够简单加总。

然而，人类经济体系不是机械体系，而是持续和永恒动态演化的生命体系。生命体系的各个部分和各个变量不是线性关系，不能将个体行为和变量简单加总以解释宏观现象。相反，真正重要的宏观经济现象恰恰是那些生命内能或创造性内能所激发、创造或涌现出来的新秩序、新模式、新动能、新物种、新业态。譬如，个体的创造力如何汇聚成公司和各种经济组织的创造力，公司和组织为何具有自身的生命力和生命周期，一个初始看似完全竞争的市场如何会很快演化为一个垄断或赢者通吃的格局，规模收益递增现象的内在本质是什么，市场的预期为何能够自我实现，个体的适应性和创造性行为为何会形成经济周期、技术周期、货币或债务或金融周期，为何会形成整体的经济腾飞或经济衰退，等等。

范式转变的第四要义是重新全面检讨经济政策思维模式。新古典经济学的政策思维主要围绕产业政策（包括鼓励竞争和反对垄断的各项政策）、货币政策和财政政策而展开，却忽视了培育一个富有创造力和创新活力的经济生命体系所急需的经济政策。

这些政策包括：如何妥善保障个人的各项权利（包括人身和财产的一切权利），最大限度地激发每个人潜在的无限创造性；如何尽可能降低政府规模（包括人员和开支），尽量减少非生产性和非创造性活动占全部人类活动的比例，从而大幅度提高整个社会或经济体系的创造力；如何消除不必要的政府管制，尽可能地减少对个人创造性活动的遏制或压抑；如何创造和完善一个富有想象力、创新活力的教育科研体系，最大限度地鼓励原创性知识的创造和原创性科技的发明；如何营造一个开放、多元、包容的社会文化氛围，从而激励每个人去尝试开辟新的天地；等等。

简言之，培育一个富有创造和创新活力的经济生命体系，是一切经济政策的最高目标，因为一个富有创造和创新活力的经济生命体系必将创造出我们所需要的一切。所有经济政策的核心必须是如何激励、激发、弘扬和提升每个人的无限创造力。唯有最大限度地激励、激发、弘扬和提升每个人的无限创造力，才能培育一个富有创造和创新活力的经济生命体系。

参考文献

［1］许良英，等. 爱因斯坦文集：增补本. 第一卷 [M]. 北京：商务印书馆，2009.

［2］A. 爱因斯坦. 走近爱因斯坦［M］. 许良英，王瑞智，编. 沈阳：辽宁教育出版社，2005

［3］张五常. 经济解释（二〇一四合订本）：收入与成本［M］. 北京：中信出版社，2014.

［4］熊十力. 十力语要初续［M］. 上海：上海书店出版社，2007.

［5］埃德蒙·费尔普斯. 大繁荣：大众创新如何带来国家繁荣［M］. 余江，译. 北京：中信出版社，2018.

［6］德日进. 人的现象［M］. 范一，译，南京：译林出版社，2012.

［7］向松祚. 争夺制高点［M］. 北京：中国发展出版社，2013.

［8］杨振宁. 杨振宁文录：一位科学大师看人和这个世界［M］. 海口：海南出版社，2002.

［9］埃尔温·薛定谔. 生命是什么［M］. 罗来鸥，罗辽夏，译. 长沙：湖南科学技术出版社，2003.

［10］雷·库兹韦尔. 奇点临近［M］. 李庆诚，董振华，田源，译. 北京：机械工业出版社，2011.

［11］伊·普里戈金，伊·斯唐热. 从混沌到有序：人与自然的新对话［M］. 曾庆宏，沈小峰，译. 上海：上海译文出版社，1987.

［12］凯文·凯利. 失控：全人类的最终命运和结局［M］. 张行舟，陈新武，王钦，等，译. 北京：电子工业出版社，2016.

［13］朱熹. 四书集注［M］. 长沙：岳麓书社，2004.

［14］杰里米·里夫金. 第三次工业革命：新经济模式如何改变世界［M］. 张体伟，孙豫宁，译. 北京：中信出版社，2012.

［15］米歇尔·沃尔德洛普. 复杂：诞生于秩序与混沌边缘的科学［M］. 陈玲，译. 北京：生活·读书·新知三联书店，1997.

［16］布莱恩·阿瑟. 复杂经济学：经济思想的新框架［M］. 贾拥民，译. 杭州：浙江人民出版社，2018.

［17］Micheal S.Malone, *The Intel Trinity: How Robert Noyce, Gordon Moore, and Andy Grove Built the World's Most Important Company.* Harper Business, 2014.

［18］Jeremy Rifkin, *Entropy: A New Worldview.* The Viking Press, 1980

［19］Oded Kafri, Hava Kafri, *Entropy: God's Dice Game.* Create Space Independent Publishing Platform.，2013.

［20］Arieh Ben-Naim, *Discover Entropy and the Second Law of Thermodynamics.* World Scientific，2010.

［21］Armen A. Alchian, *Economic Forces at Work: Selected Works by Armen A. Alchian.* Liberty Press. 1977.

［22］Clayton M. Christensen, *The Innovator's Dilemma: When New Technologies Cause Great Firms to Fail.* Harvard Business School Press. 1997.

［23］Immanuel Kant, *Critique of Pure Reason*, The Macmillan Press Ltd., 1933.

［24］R.H. Coase, *The Firm, the Market, and the Law*, The University of Chicago Press, 1988.

［25］N. Gregory Mankiw, *Principles of Economics.* Thomson South-Western，2004.

［26］Steven Weinberg, *Dreams of A Final Theory: The Scientist's Search for the Ultimate Laws of Nature*. Vintage Books, 1994.

［27］Steven Weinberg, *The First Three Minutes: A modern View of the Origin of the Universe*. Basic Books, 1988.

［28］Philip W. Anderson, Kenneth J. Arrow, David Pines. *The Economy as an Evolving Complex System*.The Perseus Books Group. 1988.

［29］Stuart A. Kauffman, *Reinventing the Sacred: A New View of Science, Reason, and Religion*, Basic Books, 2008.

［30］Jeff Dyer, Hal Gregersen, Clayton M. Christensen, *The Innovator's DNA*. Harvard Business Review Press, 2011.

［31］Walter Isaacson, *Einstein: His Life and Universe*, Simon & Schuster, 2007.